砂法精義（一）

繼大師 著

行龍結穴總圖
龍之結構
乙未仲夏之月
繼大師畫繪
龍之護砂
龍之護砂
龍之祖山
天池
龍尾
龍身
水口砂
去水
來水
龍耳
龍頭
蜂腰
龍頸
龍鼻
龍口
龍耳
龍之護砂

自序

繼大師

自從《龍法精義初階及高階》兩書出版後，2015年尾至今，經過兩年多以來，始漸漸被知音人所認識，俗云：「不怕貨比貨，最怕不識貨。」寫此兩本書，並非易事，透盡腦根。風水學術中，以「龍、穴、砂、水、向」五大元素為主，缺一不可。

繼「龍法」後，「砂法」學問亦是不可缺少的，「龍法」亦是「砂法」內之一部份，砂的範圍很廣，學問最大最多，影響着穴之後人最深最遠，若論說「砂法」，十本書也寫不完，天下之大，無奇不有，任何奇形怪異的山均有可能出現，若能深入瞭解砂法，穴法亦包括在其中矣，各種砂物出現在適當的位置，就形成了不同的龍穴。

筆者繼大師撰寫此「砂法」秘本，書名為：

《砂法精義》

因範圍眾多，故分為一、二冊，《砂法精義一》之內容有：

「砂與龍之關係，玄武砂之看法，青龍白虎砂，細說龍虎砂，案山朝山解說，明堂法及近案小丘之斷法，羅城及凹峰詳解，官、鬼、禽、曜之說，羅星、桿門、華表、北辰之說，水口砂、人造文筆塔，羅城垣局詳解。」

這樣次序的安排，其實就是尋龍點穴的秘密法，有這些砂物的出現，在符合各種條件之下，自然就會形成穴位。有來龍靠山落脈，有玄武山作靠，左右有龍虎二砂護穴，前有明堂、案山、朝山，就是古人所說的：**「乘金、相水、印木、穴土、地火。」**五行因此而齊備。

讀者們若依此次第去理解它，就能明白尋龍點穴之秘法，不過理論上雖然理解，但必須跟從明師學習，不能紙上談兵，這否則是空說理論而矣。

筆者繼大師一再聲明：若有人得明師教授風水，又修習此書而給人看風水，或將此書作為風水教科書去教授風水，若能給人賜福，守於正道，具有功德者，則福德自享。

相反，若不得明師傳授，單看此書而給人看風水，令人得到災害，或騙人財色，又胡亂猜測去教授風水，則業果自受，因果自負，與筆者繼大師無關，謹此為序。

山崗龍結穴圖

繼大師寫于香港明性洞天
戊戌年仲夏吉日

（一）砂與龍之關係

繼大師

在風水學上，「砂」與「沙」之詞義是相通的，「砂」是指所有的地勢山脈，包括在真龍結穴中，其四週出現所有的高山、平地、各種山形地物、龍脈之形勢及形狀等，都是砂的範圍，它會影響葬在穴內的亡者後人，故砂法最大最廣。

龍穴砂水圖

龍脈也是砂的一部份，有兩條山脈，夾着中間的主脈，三脈共行，中間主脈，始有地氣，平地上有兩水相夾，真龍脈氣便在兩水中間行走，「山」與「川」，「脈」與「水」，正是不可分割，故言：「山水有相逢」。

凡言龍脈，皆因它有地氣在其中，故以「龍脈」稱之，因為地有脈氣，其形態變化莫測，所以用「龍」去形容它的變化。

而各類「砂物」分佈出不同地勢形態，造就出各種不同類型的龍穴，「砂」造成穴位，「穴」為眾砂之中心，「穴」又統領四週的砂物，蔭生出不同類型的人物，故有「地靈人傑」之説。

以真穴為中心，「砂」即是一切與穴有關之山脈，龍脈山群，由高至低而落下，是為穴之來龍後方靠山，地氣集中之地為穴，所有砂物地勢，一切以穴為中心，「後、左、右、前」四方必須有群山環繞守護，「穴」如君皇，後靠星峰如兵丁護衛，左右砂脈如群臣、大將，前方橫案、朝山如軍隊、人民，如同國家一樣。

筆者繼大師現將穴之四週山脈解釋如下：

玄武砂 ——「玄武」一詞，是指北方星宿，共有七粒星宿，以龍穴為中心，「玄武」是穴後方來脈之山群、山峰、山脈等，是以穴本身來說，中國古代地理學家對於方位上，是不容許有任何混淆的。

如穴中的後方，以坐北向南計算，在穴本身來說是後方，但若在穴之前方，對着穴方而看去，以看者之位置來說，便是前方，我的前，便是你的後，所以古代用「玄武」一詞，一定是以本身穴位的位置為坐，背後是靠山，向是前面，不會混亂，所以「玄武砂」是指穴位後方之地物。

後靠為「玄武砂」

玄武之砂有 ： 鬼尾、幛山（帳山）、後照星、龍脈之入首、送迎、肢爪、父母星等等。

朱雀砂 —— 以穴本身來說，是穴前方之山脈、地物，穴之面前平地，稱為「明堂」。

故古人云：

「朱雀源於生氣」。

朱雀之砂，有案山、朝山、明堂、羅城，官星等。

後靠星峰

青龍砂 —— 以穴本身所坐的位置來說，本身之左方，稱為「青龍砂」，若以穴本身之位置，穴位面向前方，左方有高山相夾，以穴比喻人之頭部，則左方之山峰，其高度在耳朵之上，頭頂之下，此種山稱為「青龍夾耳山」，若穴之左方，以人身之比喻，便為左手之位置，便是「青龍護砂」，略比「夾耳砂」移前了少許位置。

若「青龍砂」為一條山脈，脈上有一山丘，山丘頂上有大石塊，此等石塊，稱之為「曜星」，是青龍方之曜星。穴之左方山脈外圍處，若再有山脈護穴，則稱為「青龍外砂」，穴本身最近比穴位略高之近脈，稱為「侍砂」，而「外砂」是吉穴護砂之一種。

白虎砂 —— 以穴本身計算，在穴之右方之山，便是「白虎砂」，與「青龍砂」之情況相同，但方位相反，白虎方亦可以出現有：夾耳砂、侍砂、護砂、曜星、內砂、外砂，皆是守護吉穴，不使風吹，其理與青龍砂相同。

原則上，以「來龍」從穴之正後方而言，此等穴，稱之為「來龍正受」之穴，「正受」的意思，是指來脈方向與結穴方向接近，穴位以後方山峰為正靠，穴之龍虎

行龍結穴圖
九子登科
龍樓鳳閣真學士
九子登科人不識

二砂，最好不可有缺，龍虎砂如同人之左右手，守護吉穴，避免風吹，最為得力。

無論「玄武、朱雀、龍、虎」等砂，一切地物，均以穴為中心，以守護吉穴為主，故砂能令龍穴氣聚，穴位接後方山脈龍氣，左右有護，前有關攔，生氣聚於前方，為吉穴所受用，在穴場中可見之砂，最為影響穴場，若不見的砂，影響則其次。

龍穴與砂，其關係似賓主，原則上，穴是指地氣所聚集之處，以龍脈地氣為主，砂則是穴之外圍地物，以穴為尊，守護着穴場，一為內，一為外，兩者關係密切，不可分開看。

寫一偈曰：

龍穴脈山
息息相關
互利互用
氣聚關攔

《本篇完》

(二) 玄武砂之看法

「玄武」是中國古代廿八宿中屬於北方之七顆星宿，其名諱可見於流年通勝內，「玄武」亦指北方，故紫禁城內之北門稱之為「玄武門」，中國古代地理學家，以廿八星宿之四獸名諱去形容龍穴之方位，一般龍穴，並非一定是坐北向南的，故「玄武」一詞，只是代表龍穴之後方，易於記憶也。

繼大師

穴之後方，屬於來龍的部份，其範圍牽涉了「龍法」，以「穴法」來說，穴後方靠山為玄武之一部份，在穴場上，往後方看去，必須出現一山峰或山丘，若穴在山丘之下，則山丘便是穴之父母星。

穴星以圓形為吉，屬金形。聳身獨立，峰頂略帶少許尖、圓，屬木形。山脈寬濶橫長，峰頂成波浪形，屬水形。峰頂平濶屬土形。「金、木、水、土」皆屬於吉峰，唯尖頂的火形山峰不能作穴之父母星，只能作穴之朝山，故火形星不結穴，因火形星是尖頂，呈現三角形狀，尖頂帶煞，氣未化，有尖射尅穴的弊病，故不可取用。

火形星峰之正下方，必須有平頂的土形山峰出現，由火形山峰再化為土形山峰，或平頂土形山峰兩邊略帶圓角，是為土金之綜合形，穴可結於土形或土金形山丘之下。

若是火形星峰之下出現圓金形父母星，穴結金星之下，則火形祖山剋父母金星，五行中，以火生土，土生金，順生則吉，若相剋則凶矣。

在五星格局的穴法中，來龍由火星出，經土星、金星、水星，至木星為穴之父母星，是為來龍祖山順生至父母穴星，是一等一之大穴地格局，名為「五星連珠」或「五星聚溝」，（繼大師註：可參考《地理人子須知》〈龍法 — 卷三上〉，第一三四頁）順生之龍，可蔭生王侯、將相、妃后之貴，或蔭聖賢豪傑。

穴之玄武來龍，亦有逆剋之格局，如祖山起出水星大幛，脈往前行，再經土星、木星、金星至火星，若葬於火星之下，本身火星尖剋帶煞，不能作父母星，故不結穴。若真的葬在煞穴之下，它是由穴方反剋來龍方，為火星倒剋金星，金星倒剋木星，木星倒剋土星，土星又倒剋水星。

此等地勢，若有結穴，主弒君殺父，以下犯上而致殺身之禍，不得善終，為大凶格局，所以無論由祖山至父母星，或由父母星而至祖山，山形之五行順生則吉，逆剋則凶。

穴之後靠山，若是一座大山橫列而成屏幛，山嶺闊大，這稱之為「大幛」或「大帳」，然後發脈而下，如有結穴，則以後方大幛為靠，此等靠山，可謂厚大之至也，後靠高峰則出人長壽。**《雪心賦》**有云：**「天柱高而壽彭祖。」**

若靠山位於南方，稱為南極仙翁之長壽地，主出長壽人。穴之後靠山，以位置而論，靠山正中間之下，便是穴位，穴要靠得正，山形要端正秀麗，靠山不可突然向下傾跌，穴不能點在陡斜山峰下方，像在懸崖之下，便形成後靠山欺壓著穴位，這種情況，多是虛花假穴。

一般結穴處，多在後靠山主峰出脈下方的山丘中，而山丘是父母星，換句話説，後靠主峰是祖山，即祖山與父母山有脈相連，若在結穴處往後看，父母星後之上方，可清楚看見祖山，這就是名符其實的後靠山，不過是後面第二層吧了，但當墳穴造葬完畢後，若來脈山勢略為陡斜，來脈到穴位範圍平緩，在墳前向穴後看，在視覺上，墳穴後方，可能只見到後靠祖山主峰。

若穴之父母星，其後方來脈源自其他祖山，脈由後方之左或右邊橫過而來，連接父母星，穴後靠主峰山丘之正後方是平地，或是池塘、湖、江等，後方遠處再出現一高聳山峰，隔着父母星與穴而成一直線，此乃以他山之峰作

靠山，稱為「樂山」（樂音 NGAU），橫龍結穴始會出現，以「樂山」為靠，是借山作靠，又稱為「後照星」，又名「福儲峰」。

在《地理人子須知》〈卷五上〉（乾坤出版內第二七四頁）〈論前應後照〉云：

「後照即福儲峰。及祖山在結頂之後。或兩臂之外。尊貴高大矗（音畜）**立。然托護于玄武如寶座。如御屏。如幛帳簾幙者是也。若回龍脫龍橫龍之穴。不得祖宗為照山。亦須外山之尊貴高大者。在後托護之。使玄武枕以為照。而不陷于空亡可也。」**

上段說出祖山山峰高聳，左右兩旁分出龍虎二脈，抱著中間主脈，在穴之正後托方守護父母穴星，穴不可靠空。又有一種穴，後枕於父母星丘下，但父母山之後方，剛好是兩個山峰之凹位，而凹峰即是風所經過之處，迫窄者，則風力猛而形成煞風，此稱之為「箭風」，若凹峰闊大，則風力並不構成威脅，然而凹風不可正正吹穴頂頭部，這指壽元不佳，出短壽、蒙古病、神經病、頭部或神經衰弱之人。

若然穴後之父母山丘已高過穴墳之頭頂，山丘已有足夠之高度作穴之後靠，而在父母山丘之後始有凹峰，凹峰之最低點，其高度剛好高過父母山丘，這種情況下，主其後代第一代沒有問題，第二代開始應短壽或有精神問題之人。

若凹風由羅盤廿四山的「子」山之位置吹穴頂，尅應之年在「子」年，其次是「申、辰」及「午」年生人，但若凹風在「壬」山吹頂，則應在「壬」年，其次是「丙」年，若其後代還未出生，可依天干或地支之數推算，在此等相關之年，避免懷孕生子，這則可補一時之缺陷，但長遠計算，若凹風吹腦頂，宜另遷他方，若是在穴後堆土，只可短暫解決問題，長遠不化算也。

筆者繼大師曾在馬來西亞近吉隆坡外，見有一穴太公山墳，在一平丘頂處，後方是平丘之地，靠山矮小而遠，緊貼後方之處，幾乎沒有正靠之山，雖然向度是貪狼大卦，上元某一房發富，但當一交入下元元運時，其發富那房，後代的男丁子孫，竟然個個都是弱智的白痴兒，這就是後方沒有靠山，而穴後受風煞吹掃墳頂所致，加上時運失元，就會出現這種效應。

又若穴之後靠凹峰之最低點，其高度低過穴之父母山丘，縱然脈氣足，仍然不可取用，穴多是虛化假穴，宜棄之可也，即劉若谷先生著**《千金賦》**所云：**「莫道滿盤盡美。須知一破餘皆非。」**

這凹風掃腦之破，其餘「砂、水、朝、案」再好，這也是枉然，穴以來龍為主，龍氣受煞，則凶事自來，不可不知。現今之人，多着重前方堂局美麗，不顧後方是否有父母星丘，胡亂下穴，無論陰宅或陽居，凹風掃腦則大凶矣，故云：**「上等先生看星斗。」**一流的風水師，必須懂得看穴星，就是要避免凹風煞氣掃穴頂之患。

另外，若橫龍結穴，雖有後靠之「樂山」，然而脈氣本身不夠厚，父母穴星之背部，必須有一脈在背後撐連，挺着父母山丘之後方，這後方之撐脈，稱之為「鬼尾」，「鬼尾」之形態要向父母星那方撐去，不宜向後方拖出長脈，若鬼尾之脈向後方拖延，則穴之父母山丘脈氣，反被其奪走，不利於穴，這也是「玄武砂」之範圍。

台北葉氏祠堂

靈隱寺-香港大嶼山大澳

玄武山要高大端正而又不可欺壓穴場，筆者繼大師曾在沙田近大水坑處，見一村，村內建有吳氏祠堂，坐午向子，後靠正正之一大圓金山 —— 太陽金星峰，星峰高聳秀麗，端正圓厚，位正南方，三合家稱「南極仙翁」之方，其村已有三佰多年歷史，雖小小一村，居然蔭出很多長壽且壯健之人，其男人個個相貌圓厚，居然長相像這太陽

金星峰一樣，七八十歲的不少，八九十歲的都有。

村內新一代的人，因謀生而另覓他方外居，這太陽金星峰，便是全村之「玄武後照星」，庇蔭着整條村之居民，是整條村之靈魂所在，更蔭生一位法庭女檢察官，可惜現在整條村，已被地產財團公司收購，發展豪宅區。

玄武砂若是木形作靠，秀氣高聳，正靠之左右兩旁又有火形尖峰相夾，形成木火相生格，這樣之後靠，多蔭生權力旺盛之人，且能力強大，有文彩之輩，這當然要真正能結得真龍穴地始可受用，地理之學，真不可思議！

寫一偈曰：

玄武後照
不可遠遙
端正高聳
福壽能邀

《本篇完》

龍山寺-香港新界龍躍頭

麒麟吐玉書-香港新界文氏祖墳

（三）青龍白虎砂

繼大師

真龍落脈，雖是地脈龍氣所行經之管道，然而龍脈真氣所止之處，必須要依賴真龍之左右護脈，才可使脈氣聚於一點而成為穴位。

以穴本身來說，穴坐來龍脈氣之方，其左手方之山脈稱為「青龍砂」，其右手方之山脈稱為「白虎砂」，這青龍白虎之觀念是很清晰的，不易混淆。

若是只說左面或右面，很易給人誤會，因為自己本身之左面，即是看自己者的右面，若以青龍及白虎去命名，一定是以自己本身所在之位置來說，不會混亂。

穴之白虎砂

晉、郭璞著《葬書》以左為「青龍」，右為「白虎」，前為「朱雀」，後為「玄武」，取「東、南、西、北」四方，廿八星宿之宿名代表；東方有青龍七宿，南方有朱雀七宿，西方有白虎七宿，北方有玄武七宿，共廿八宿，中宮稱為「勾陳」，其名稱適用於在穴上，以識別四方。

龍穴除來龍後靠山，有擋隔着後方風吹雨打的作用之外，穴之青龍、白虎，亦同樣具備有保護龍穴之功能，看穴脈之變化，以穴位為主，觀察其左右是否有龍虎山脈，其高、低、遠、近，均要留意。

龍虎砂的形勢，一般有兩種，筆者繼大師解釋如下：

（一）傍祖幛之龍虎砂——真龍由祖山出脈，祖山之龍脈由中間出，左右有肢爪向外伸出，至結穴前，起出一父母山丘，穴結山丘之中，而穴之左右龍虎砂，是由同一祖山生出之左右長脈而護穴，由祖山兩傍生出龍虎護穴之砂，稱為「傍祖幛」。

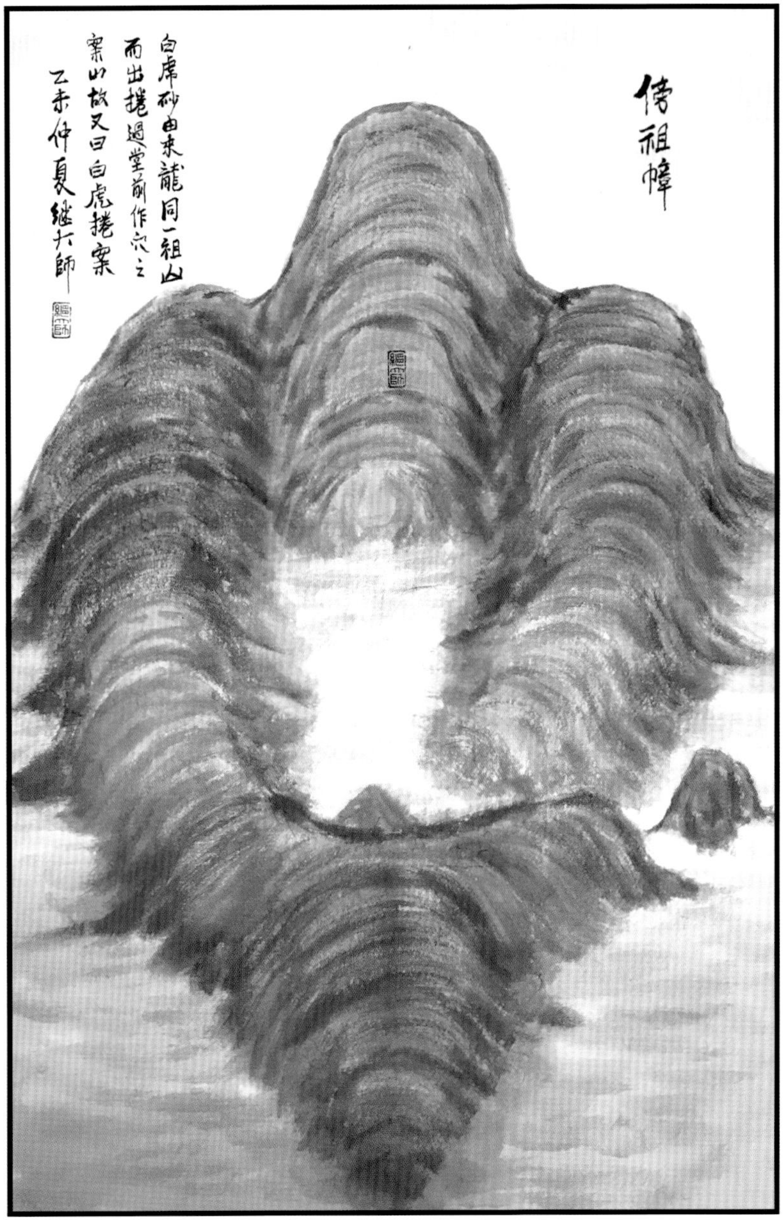

（二）開面穴星之龍虎砂——真龍行進，即將結穴之際，有「抓縮」及呈現「搾頸」的現象，（搾頸——龍脈突然收窄，是脈氣收放之處。）並起出一星丘，這星丘中間脈氣微突而往下落，星丘之兩肩，左右分出兩脈向內屈抱，作為主脈之守護砂，這樣形勢下，便是穴星開面，分出左、右、中三支小脈，穴結中支略短脈之處。

穴之龍虎二砂，因為最近穴場，守護甚為得力，對穴影響最大，稱之為「侍砂」或「龍虎內砂」，侍砂近穴之邊位，便是界水，稱之為「小八字水」，是近穴位之左右界水，使穴不被水氣所侵，而界水從穴之兩旁，往下方流去內明堂，若沒有侍砂，穴易受風吹及雨水侵蝕。

（三）外龍虎砂 —— 穴星之中，本身沒有左右侍砂，穴若結於穴星之下，全仗近穴之左右守護脈，這左右龍虎護脈，並非與穴之來龍祖山同出一處，而是獨立之山峰或山脈，且離開穴之父母星丘，並在穴之左右方守護吉穴，我們點穴，一定要看外龍虎砂是否抱過穴場。

若穴之左右方沒有出現侍砂，而且包不過穴場，驟眼看去，本身穴之中脈略長，而左右侍砂略短，這稱之為「漏胎」。

一般地師，以為穴脈漏胎，定是假穴，便棄之，但亦有例外，雖然穴脈漏胎，左右侍砂短小而主脈略長，但穴之左右不遠處，有另外的龍虎山脈包過穴場，這種形勢，穴應該視作有龍虎砂看，只是侍砂有瑕疵，若來龍得脈氣及朝案具備，穴仍然可以取用。

青龍護砂

又有一種可能，雖然本身中脈略長，左右侍砂略短，我們可以在中脈的中間，找出脈氣略突之處，左右外龍虎護脈又能夠包過，可點出位置，用人工修剪法，把前脈裁剪，做一人工平托，兜收來脈地氣，這也能夠邀得一時之福。

但未必所有穴地都能夠這樣裁剪，這種穴法名曰：「斬關穴」，如楊筠松祖師著《撼龍經》最後一段所述說關於五代十國之一的宋武帝劉裕祖墳，位於丹徒后山，劉裕曾經邀請風水師孔恭先生勘察過（丹徒 — 今江蘇省西南部，鎮江市區週圍。）此地便是此種裁剪穴法，可參看楊筠松祖師著《撼龍經》批注校補 — 古本真跡 — 下集內第 795 — 797 頁，光緒18年出版（公元1892

白虎護砂

年）高文良批，寇萬川註，榮錫勳校補。《四庫全書 — 子部 — 術數類》均未有此段之記載。

點這種穴地時，必須留意來脈是否陡斜急速，因為此種脊脈是不能裁剪的，若一不小心，點葬在陡斜的脊脈上，墳穴受直脈衝煞，主後代子孫犯凶險意外而夭亡。

約卅年前（修改此段文章時為2018年。），筆者繼大師在香港新界上水洲頭一處地方，呂師教授他曾經替人點穴造葬名「倒地葫蘆」的穴地時，附近有一荒廢了的墳塚，呂師說他認識點葬此穴地之人，住在　呂師附近居住的青年人，偶而也會跟　呂師去看風水穴地。點此穴時，呂師曾經勸告他不要在這處造葬，因為龍脈陡斜，穴在脈脊上，脈有殺氣直衝而下，會損人丁的，但年青人認為自己夠眼力，不理會勸告，結果造葬之後，不見他的蹤影，墳塚荒廢，並無香火拜祭。

青龍護砂

在一般形況下，穴之龍虎要均等而對稱，亦有龍高虎低，或虎高龍低，或龍長而虎高，或虎長而龍高，在多種情況下，要視乎穴面前之朝案而定，且互相配合，而穴脈及龍虎砂，亦要配合穴前的山群。

筆者繼大師現解釋三種龍虎砂所配合之形勢如下：

（一）龍虎砂均等對稱——穴之龍虎二砂對稱而守護吉穴，這可配合龍之結局，即是：

順局——來龍之山群高聳，穴結父母山丘之下，正前方朝、案之山不高，高度在眉與心胸之間，（近穴之前山稱「案山」，穴前方之遠山稱「朝山」。）

穴所面對之山群低於來龍靠山，而穴之龍虎二砂對稱，相繼亦高，當下雨時，水氣先由穴後繞過對稱之龍虎二砂邊之界水，並往穴前方流出，去至明堂盡處（穴前方之平地為明堂），水氣被明堂四週之群山所抱聚，（穴前四週之群山名「羅城」）致生氣凝聚於穴前明堂。

因為來龍方高於穴前群山，致令水氣急促前去，稍聚一下，便繼續往前方去，只是到一定之高度，多餘之生氣便漸漸散去，又因穴前群山離穴位很遠，故水氣先往前走，至極遠處始凝聚，是為「順局」，是先敗後成，或是行運較遲之局，這種形勢，必須配合有龍虎對稱之穴地，始能形成這種「順局」。

逆局 —— 來龍之山群不高，穴後方靠山低於前山，穴前眾多朝山高聳，水氣從穴前方而來，而近穴之前方出現案山，有案山便可擋去前朝高山急速射來之煞氣，使穴能收取前方已經純化了的生氣，這種形勢，穴位左右必須具有對稱之龍虎砂去配合，逆局主速發，多是「回龍顧祖」格局，或是「水口砂作穴」之局。

（二）龍砂高於虎砂 —— 穴之左方砂是龍砂，一般說法，是龍要高於虎，但亦未必，若龍砂高聳而虎砂長長伸出穴前，亦是另一種對稱之形式；若龍高於虎，必須穴之右遠方（虎方）有高山，而水氣由穴之虎方而來，橫繞過穴場而至穴之青龍方，這樣青龍方近砂高聳，能將右方之生氣關鎖，使水氣止住而撥入穴前方之中間明堂處，為穴所受用。

水氣帶着大地流動之生氣，來氣方稱為「天門」，氣走之方稱為「地戶」，自古中國歷代地理學家，均宣稱要「開天門。閉地戶。」一是為風水學上的根本理論，去水方又稱為「下關」，若水氣由虎方去龍方，則龍之山脈要高，則水氣所帶來之生氣被關鎖，能為穴所吸納。

（三）虎砂高於龍砂 —— 一般地師稱虎砂高於龍砂是凶格，但這又未必，若穴前之水氣由左方來，橫繞過穴前，從右方去，則白虎砂便要高於青龍砂，下關緊閉之故，為穴之逆水下關砂，兜收穴前生氣。

江西三僚村陽宅結穴模型

上述的第二、三兩點，若然沒有出現龍砂或虎砂亦可以，如果沒有龍方侍砂，而水氣由龍方來，至右方被白虎砂所兜截，這是可以的，縱使穴場沒有近方青龍砂，而水氣又從遠處青龍方而來，這種形勢，穴之遠處青龍方之山群必定高聳，始能出現這種情況，故龍方來水而沒有青龍侍砂，虎方來水而沒有白虎侍砂，這是可以的，但必須另一方有略高出的砂脈兜抱穴前，這種砂稱為「單提」，或稱「左仙弓、右仙弓」，或稱「青龍捲案」，或「白虎捲案」，而「單提」必須配合來水方，穴位始能使用。

又有一種龍虎砂，不在穴之左右方，但出現在穴前近方小平地上之左右方，穴前平地名曰「內明堂」，內明堂在穴前之正前方，左右必須有山脈守護着，這樣生氣凝聚穴前為穴所受用，無論內明堂（近穴前小平地）或外明堂，（遠方穴前大明堂）甚至中明堂等。（若穴前有三級明堂，中間明堂便是。）

明堂之左右山脈，有些是獨立之山丘或長脈，有些是由龍脈（結穴之來脈）伸延出來的肢爪餘脈，關鎖着穴前明堂生氣，此種龍虎砂必須要有，是形成穴前「水聚天心」的主要條件。

水聚天心(一)

一般多數是穴星開出左右龍虎砂，砂脈包過穴中，至穴前方作左右守護，而龍虎二砂包着之處，成為穴之內明堂，左右界水由龍虎二砂之內側而出，繞過穴場而至穴前龍虎二砂相交處之出水口，這龍虎砂相交處，便是穴之內堂出水口。

兩水雖不是真正可見之流水，但下雨時，其水氣順着兩側而流出，這稱之為「金魚水」，以意喻金魚由左右兩鰓吸氣，至魚口而吐出，又名「合襟水」、「八字水」等。劉若谷先生著**《千金賦》**說：

「金魚不合。枉教九曲來朝。」

水聚天心(二)

水聚天心(三)

這証明金魚水之重要性，而金魚水依附着穴內明堂之龍虎砂，而龍虎砂可謂極之重要，三國、魏、管輅著**《管氏指蒙》〈卷二、十八〉**——**〈四勢三形〉**云：

「三形衛其元（或玄）**室。四勢衛其明堂。」**

「元室」指穴位，「三形」指：「來龍、青龍及白虎二砂來守護吉穴，亦即是穴之「正後方、左、右方」之龍虎砂。」

「四勢」指：「來龍及它的餘脈、明堂之左右龍虎砂，及明堂前方遠處之山群。」

江西三僚村陽宅白虎護砂

「四勢」之山，造成群山環繞明堂及穴，明堂是生氣凝聚之處，可給穴場受用。

穴前之左右龍虎砂，屬于四勢中之兩勢，對穴場十分重要，不可不知。筆者繼大師現解釋如下：

（一）穴之龍虎二砂，在行龍上出現，便是龍虎「護纏之砂」，或名「奴砂」。

（二）出現穴前十字線正左右方，便是穴之「夾耳山」。

（三）出現在穴位前方少許之左右砂，是守護穴場之真正龍虎砂。

（四）出現在穴前明堂之左右龍虎砂，屬於穴前羅城之一部份，是明堂四勢中之左右二勢。

不管龍虎二條砂脈出現在何處，其責任是守護龍、穴、明堂。龍虎二砂，看來簡單，其實它的學問很深很廣，學風水者，定要搞個清楚，它包含龍法、穴法及砂法在內，宜深入了解。

寫一偈曰：

龍虎護穴　不可盡說
四勢三形　証穴優劣

《本篇完》

（四）細說龍虎砂

繼大師

在真龍結穴中，除了來龍要真之外，証穴之主要條件就是左右邊的龍虎二砂護脈了，它的主要功能是守護穴位的安全，免受風吹，所以在穴法之中，有「龍虎二砂定穴法」，以龍虎及父母星之落脈，去決定穴位之位置，龍虎二砂，千變萬化，影響着穴內亡者後代房份之吉凶，龍砂主「一、四、七」房，虎砂主「三、六、九」房，為興衰成敗關鍵因素。

龍虎二砂，一般分兩種，筆者繼大師茲述如下：

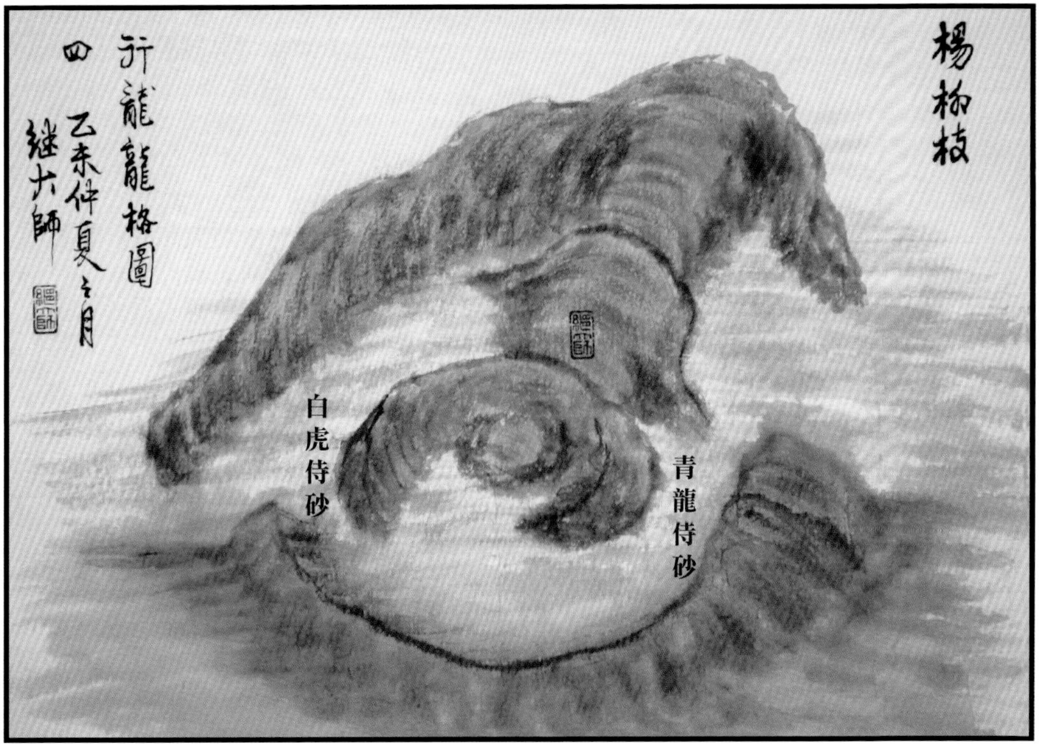

（一）龍虎侍砂 ── 即是穴之「內龍虎砂」，來龍由主峰頂（山峰或山丘）中間落脈，至近結穴處，左右微微生出略高出小許的突脈，包抱著穴場，幾乎每一個真龍結穴，都具備了「侍砂」，但亦有例外，它是証穴法中的主要因素。

通常左右方會出現一層龍虎侍砂，兩層亦有，至於三層，則機會很微茫，「侍砂」是指沿著主脈一同落脈而再分開左右龍虎微凸之脈而言，至於左右之第二、三層之龍虎砂，一般都是外來山脈作守護，並非屬於侍砂範圍。

（二）龍虎砂 —— 一般標準的龍虎砂，大部份都屬於外來山脈，與主脈同一方向並行，守護結穴的位置。若左右護脈由穴後之來龍祖山主峰山丘生出，至結穴處成為穴之龍虎砂，則稱為「傍祖幛」，通常只會有一層，若有兩或三層出現，則必是大地無疑。

龍虎砂的形態，種類繁多，筆者繼大師茲述如下：

（一）對稱龍虎 —— 龍虎二砂左右均勻對稱，謂之「勻稱龍虎」，中間是穴之出水口，有些「傍祖幛」由穴後父母星左右分脈而出，有些從穴星後方來龍祖山左右分脈而出，更有些從穴星後遠方橫排屏幛大山群的來龍祖山作左右分脈而出，其分別在於後方來龍的遠近。

龍虎二砂行進中，最好有高低、起伏、星峰頓跌等變化，龍虎二砂左右要對稱，有龍長虎高，或虎長龍高，以龍高於虎為吉，忌虎高於龍而昂頭，龍虎二砂最忌握拳敵對，主兄弟不和，結穴有「二龍戲珠」。

青龍捲案

白虎捲案

（二）龍虎捲案 —— 左邊青龍砂抱過穴前，回轉橫欄作案山而護穴，此謂之「青龍捲案」，主大房孝順，若青龍砂是下關逆水砂，則主大房發富。或右邊白虎砂抱過穴前，回轉橫欄作案山而護穴，此謂之「白虎捲案」，主三房孝順，若白虎砂是下關逆水砂，則主三房發富，亦謂之「先弓」，「龍虎捲案」格局的結穴有：「赤蛇繞印」、「狸貓戲鼠」。

（三）龍虎遶抱 —— 左邊青龍砂在內橫轉抱穴，右邊白虎砂在外橫轉抱穴，或是青龍砂在外，白虎砂在內，水從龍虎砂中間相交處作「之」字形流出，若水出煞位，則主二房發富，結穴有「金線吊銅鐘」。

（四）龍虎紐會 —— 又稱「龍虎交紐」，穴前有兩層、三層或多層龍虎砂遶抱，互相交織穿插著，水從穴前多層龍虎砂中間的相交屈曲處流出，此謂之「水口交牙」，如上下牙齒之形，亦稱「交牙水」，若水出煞位，主二房發富悠久，結穴有「喝鳥飲泉」。

（五）龍虎開睜 —— 穴前左右龍虎二砂成尖角形狀，尖角向左右之外方射出，龍虎開睜而護穴，主官貴權力等，結穴有「蝌穴」。

（六）龍虎展翅 —— 穴前左右龍虎二砂向外一直伸延，像飛禽展翅，若左右砂脈直直走離穴場，主大房、三房離鄉發展，或不顧父母祖宗，結穴有「鳳地」。若主峰高聳端正，中間落脈結穴，主峰山脈向左右作開肩狀，左右山峰一同矗立在主峰兩旁，左右順弓伸展開而護穴，兩肩展翅，作飛揚之狀，最為有力，這不同於砂走，是威武而嚴肅，若是穴前是大會明堂，主出英雄豪傑，具大才大志，胸襟廣闊。

（七）龍虎相讓 —— 穴前左右二砂護脈相交之盡處，位置的前後距離略有出入，有相讓之狀，中間是出水口，主兄弟禮讓，互相尊敬。

（八）龍虎帶劍、生角或生牙 —— 龍虎二砂，無論在那一方出現，帶劍、生角或生牙，這些砂脈細小而呈現尖角形，出現在龍虎二砂背穴之側處，與龍虎二砂相連，砂脈的尖角並不射穴，而是向穴之外方射出，屬於「官星」之一，或有大石塊矗立在龍虎之丘頂上，屬於「曜星」，主官貴權力，膽識過人。

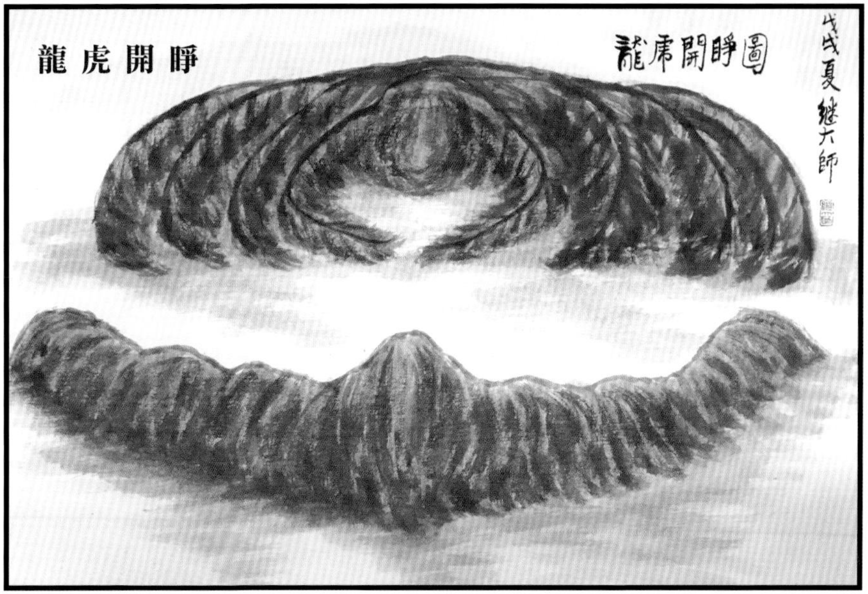

龍虎開睜

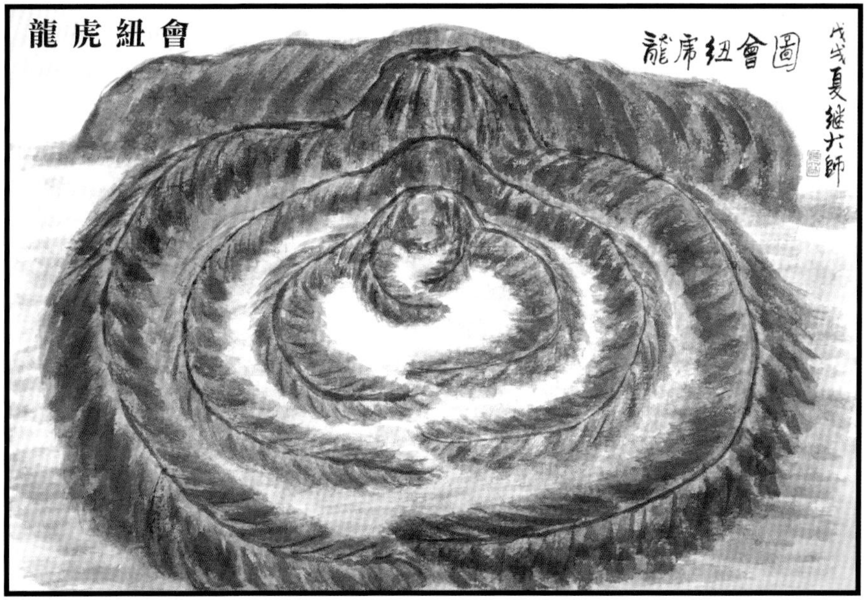

龍虎紐會

至於帶凶險的龍虎砂，有很多種，筆者繼大師茲述如下：

（一）拭淚砂 —— 龍虎山雖然捲案護穴，但在穴上向前看去，其高度至穴之眼部，像人用手抹眼淚一樣，主後代子孫多愁善感，容易悲傷流淚。

（二）椎胸（搥胸）—— 無論青龍或白虎方，砂脈回轉至穴前，其脈盡處突然收窄，並生出一丘如拳狀，射向穴方，像自己執拳搥胸，主後代子孫容易悲憤、激動、氣憤而自殘，或有胸部病痛等。

（三）鑽懷 —— 與「搥胸」差不多，青龍或白虎砂脈回轉至穴前，脈盡處成尖狀而射穴，鑽入穴之懷中，青龍鑽懷，主男人淫褻，白虎鑽懷，主婦女淫蕩，若是外砂青龍鑽懷，主招外來的婦人登牀淫亂，若龍虎轉至穴前中間尖射穴場，主二房有意外凶險。

尖圓相鬬兼搥胸

（四）龍虎挑裙 —— 無論是穴之左龍或右虎的護砂，當它從穴兩旁回轉至穴前，脈停之處，出現圓、平或圓平山丘而斜出，帶尖角形狀止於穴前，在穴上看去，像人之手，挑起女性的裙子一樣，為「挑裙砂」，主出邪淫之男人。

（五）龍虎掰腳 —— 青龍白虎二砂之護脈，在穴前左右方斜斜直伸出一段距離，像女人掰開大腿一樣，主出淫蕩女人。

（六）青龍嫉主 —— 青龍方的砂脈或有山峰高聳，或山峰昂頭之狀，且高於穴之靠山，是為奴欺主的格局。

（七）白虎銜屍 —— 白虎方的砂脈，形狀如開口，並回轉向着穴場作欲噬人之狀，是大凶之砂，嚴重一些，主反逆滅族。

（八）龍銜虎頭，或虎銜龍頭——無論是龍砂或虎砂，雙方互對，一方作開口狀，另一方對着口部，皆是凶砂，兄弟相殘，開口的一方為凶，左邊「一、四、七」房，右邊「三、六、九」房。

（九）龍插虎砂，或虎插龍砂——如《雪心賦》之謂「東宮竄過西宮」，即穴前左右脈一長一短，相交於穴前，作「人」字形或「入」字形，短脈插向長脈，以插向他方之短脈為應，短脈在左邊，主「一、四、七」房，短脈在右邊，主「三、六、九」房，皆主意外凶險。

（十）龍虎洪路——穴有主脈之龍虎砂包着穴前，但有多重矮小平潤的餘脈從龍虎脈上生出，斜斜略向前方走，一到雨天時，雨水沖刷穴前平潤的地脈，侵蝕土地使流失，皆為凶砂，主二房有阻滯，諸事不順。

（十一）龍虎纏頭、斷頭 —— 穴之左右護脈，無論是天生自然，或是人為破壞出現等，有矮小山丘週邊部份被撻去，如「纏頭」之狀，一般多是開路所形成，或龍虎砂脈「斷頭」。

（十二）斷脇 —— 有水流或馬路緊貼着穴之左右兩側，越過穴側到其後方，此為「斷脇」，輕微貼著穴之左右兩側，此謂之「界脇」，筆者繼大師曾勘察過一處界脇穴地，滿山遍佈石塊，像香港新界屯門龍鼓灘地區，縱然有穴可結，筆者也不敢使用。

（十三）剪燭風 —— 主星山丘下結穴，龍虎二脈與山丘的相連處有凹位，風從左右肩位吹穴，像鉸剪剪熄洋燭一樣，故名剪燭風。

（十四）巉岩 —— 龍虎山脈外側巉岩，內側沒有石塊，泥土草木茂盛，以穴上看見為準，則可以使用，主穴之後人有權貴。若龍虎山脈內側全是石塊，會對穴場做成尖尅，皆是凶砂，宜避免之，可用人工修造補救，若不能修補，穴位只好放棄。

（十五）龍虎掛劍 —— 另外，筆者繼大師曾見過一鶴地，穴結鶴嘴端上，其青龍山有如屏幛，中間出現一大片石塊，有飛泉如劍在石澗上流出，剛好正正對著穴位之青龍方，此謂之「掛劍泉」，主大房有凶險，幸好是吉穴，還未有人造葬，否則大凶矣。

龍插虎砂

虎插龍砂

龍銜虎頭

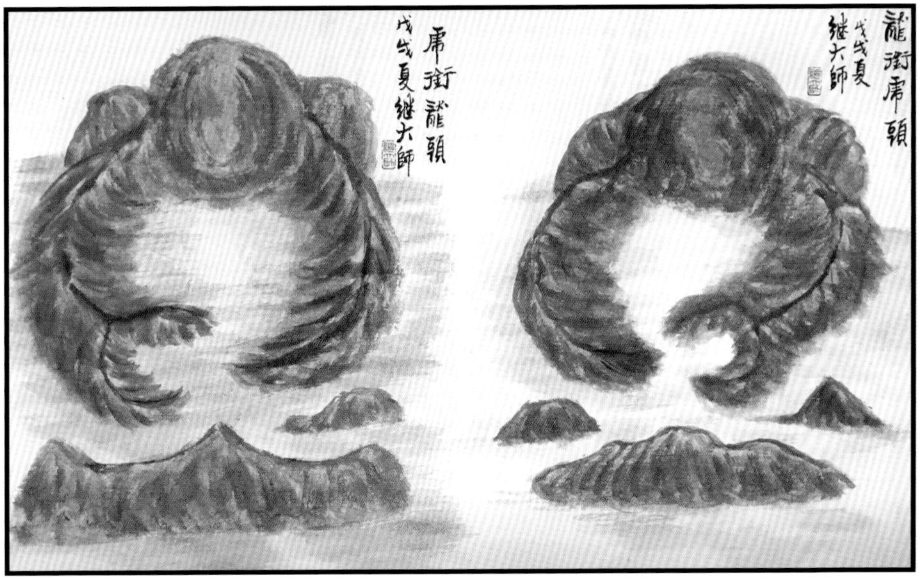

虎銜龍頭

龍虎交牙

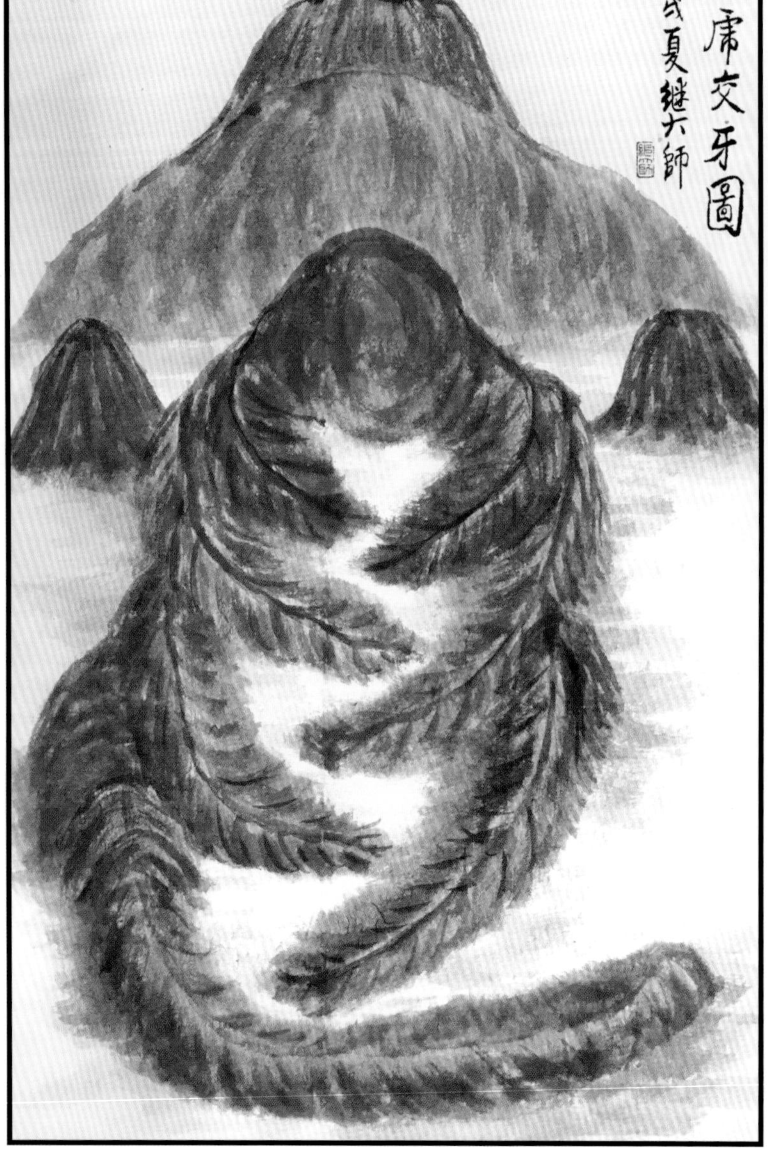

青龍生角

青龍帶劍

龍虎山脈對於真龍結穴來說，真的是非常重要，關鍵所在，變化多端，勘察時宜小心謹慎，不可掉以輕心，必須隨明師親臨登山學習，假以時日，必有所成。

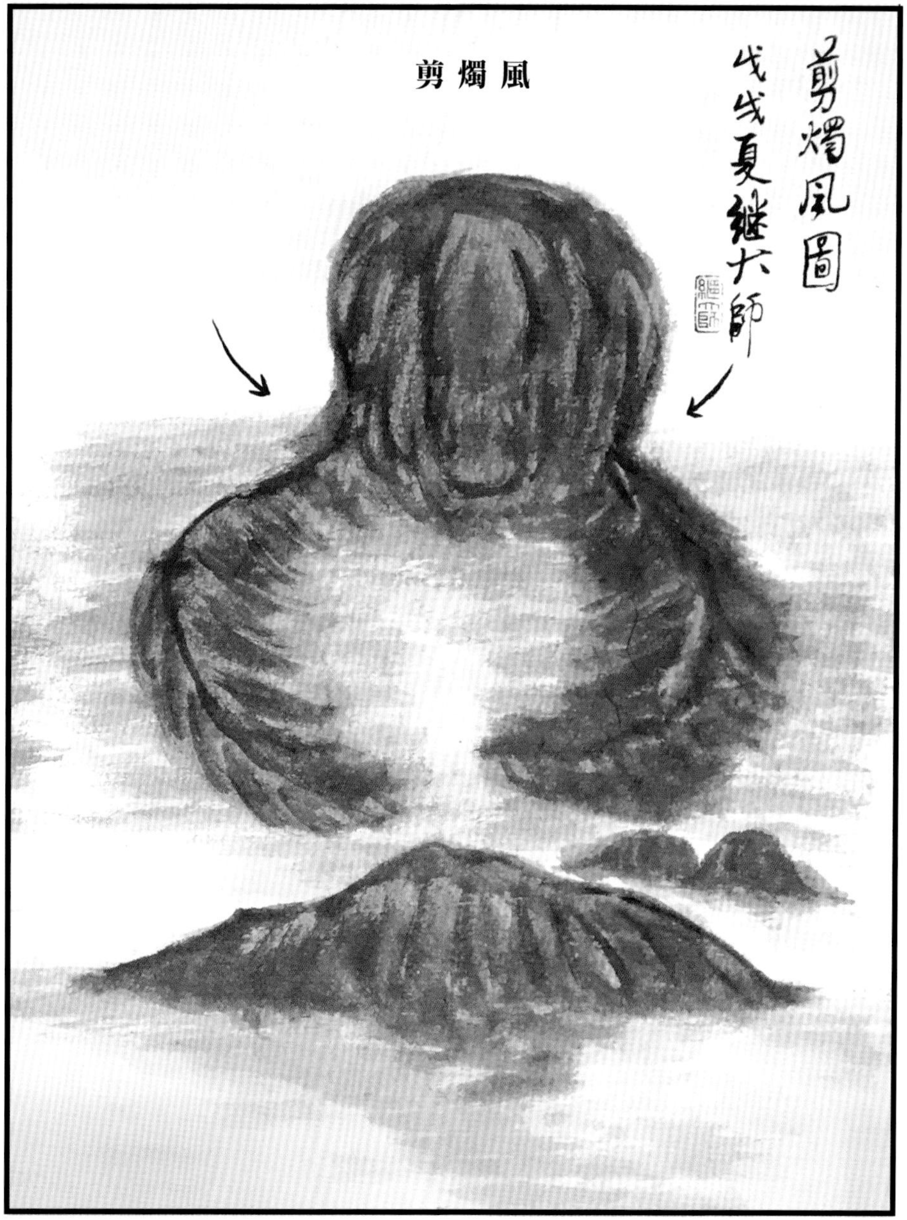

《本篇完》

（五）案山朝山解説

繼大師

真龍結穴，除了來龍是主脈，左右有護纏，有祖山、父母星丘、剝換變化、束咽及龍虎之外，這些都屬於龍法之範圍，還需要有外來形勢去造就真穴之位置，龍脈是主，朝案是賓，穴得真龍脈氣外，還要收得穴前方之生氣，地氣、生氣，兩者兼得，穴始能完備。

案山者，指近穴前方之矮小山丘，一般以長橫山丘欄於穴前為標準，故案山多以「橫案」去形容其形貌，穴前之橫案，其高度是有標準的，古法以坐於穴中向穴前方看，以人身為比例，最低不能低過心胸，即兩乳之間羶中穴處，（羶音山、先、箭）最高不能高過頭頂，只能與兩眉齊，古法口訣是：

「高要齊眉。低要齊心。」

若案山低於心胸，前方生氣必然直流而去；案山因為近穴，故受尅應很快，故有：「有案速發」之説，但若龍穴是真，地脈厚，穴能乘得龍脈地氣，但只欠缺穴前案山，這是穴位之瑕疵，若條件許可，可用人工修補。

無論陽居（指鄉村平房屋）或陰宅（造葬之墳墓），（結地範圍大者為陽居，結地範圍小者為陰宅。）若穴位得地氣而缺失案山，在兩種條件下是可以造葬的，筆者繼大師分析如下：

（一）自然生成的條件——穴接得來龍脈氣，但缺乏案山，穴前必須出現有一塊大於墳穴之平地，地理家稱之為「氈唇」，或「平托」，或「內明堂」，或「爐底」。

這穴前之平地，其深度是有標準的，據筆者繼大師的經驗，是以穴範圍大小之深度作準，以大於穴五倍至十倍之深度，以穴前沒有案山而有朝山計算，這是標準定法。

現在筆者繼大師公開沒有案山而只有平托之「秘法口訣」如下：

朝山案山

站於陰宅中墳碑之位置向前看，穴前平地之盡處，其高度不低於心胸，標準與案山之高度看法相同，只是案山有高低，而「平托」只有深淺，無論高低深淺，均以穴中向前所見之高度為準，是「眼見為準」。

案山之高度是有直接欄截穴前生氣之功能，這較為容易看出，但平托之深淺，其深度若深長，雖穴前缺少案山，但來龍地氣止於穴中，其生氣被深廣之平地明堂乘托着，餘氣復往前行，這是間接將生氣凝聚穴前，無論間接或直接，其功能都是一樣。

這種沒有案山而只有深廣平托之穴地，正是考考地理師之真功夫也，在香港飛鵝嶺山腰之百花林，有一同治年間所造葬之岑氏夫婦祖墳，其位置剛在國父孫母墓之下方，其穴前平地明堂深廣，生氣凝聚，便是這種格局。

一般地師，被孫母墓之名氣所影響，以為孫母墓始是大地，殊不知真正之吉穴，便是岑氏祖墳，若讀者想自行研究，可到百花林岑氏祖墳，蹲在墳碑前，向前觀望，便知真偽。

有朝無案

（二）人工修造補救天然之不足 —— 若穴位得來龍地脈之氣，但缺乏案山，只有朝山，是穴有瑕疵，若是陽居之地，可在屋前修造一人工之平地，其深度是屋之兩倍，以平地為中心，其左右可建一小型長方形之建築物，長的一面向平地，站在主屋門前向前看，長方形建築物便是屋之龍虎二砂，在左右守護著屋前明堂，使生氣凝聚。

若想更理想的話，可在人工平托之前方盡處，建一人工牆，是中國傳統平頂式，分三份而相連，中間略高出，兩旁略低，中間是牆，兩旁有柱，這便是人工照壁，如香港粉嶺蓬瀛仙館、黃大仙廟、葵芳之天后廟等。

以上兩點，一是天然，一是人造，兩者可互補不足，故案山與內明堂之深度有着密切的關係，兩者均要相配。

案山以橫為貴，其闊度是有標準的，若穴左右之龍虎砂相交於穴之正前方，兩砂之間，必有凹位，是穴前之出水口方，案山以出現於穴前龍虎砂之外為佳，若龍虎砂不夠闊，則案山要闊一些，若龍虎砂包得寬一些（不緊聚），而兩砂在穴前之距離又闊，穴上向前看去，只到穴之肩膊位置左右，則案山要橫長而向左右伸展，其濶度務求能補了龍虎二砂所距離之中間凹位。

朝山

換句話說：「案山之闊度，要連接穴前龍虎二砂，使不見凹位，坳風不吹穴，內羅城包穴，但穴前之案山不高過頭頂，只在心胸與眼眉之間，此最為標準。」

案山因為近穴，且正對穴場，所以影響很大，吉凶立應，案山以順弓、環抱、形正端的、秀麗為佳。以反弓、背穴、形歪勢斜、迫穴醜陋、破碎、破面、嶙峋、巉岩、側身、不顧、反走為忌，就是有情與無情之分別。

《雪心賦》云：**「外聳千重。不若眠弓一案。」**

這說法是以穴前案山而論，但若穴位乘得真龍地脈，縱使無眠弓一案，而朝山外聳千重，這亦無妨，案山的尅應較快，以一代或兩代為主，為穴之內氣，但

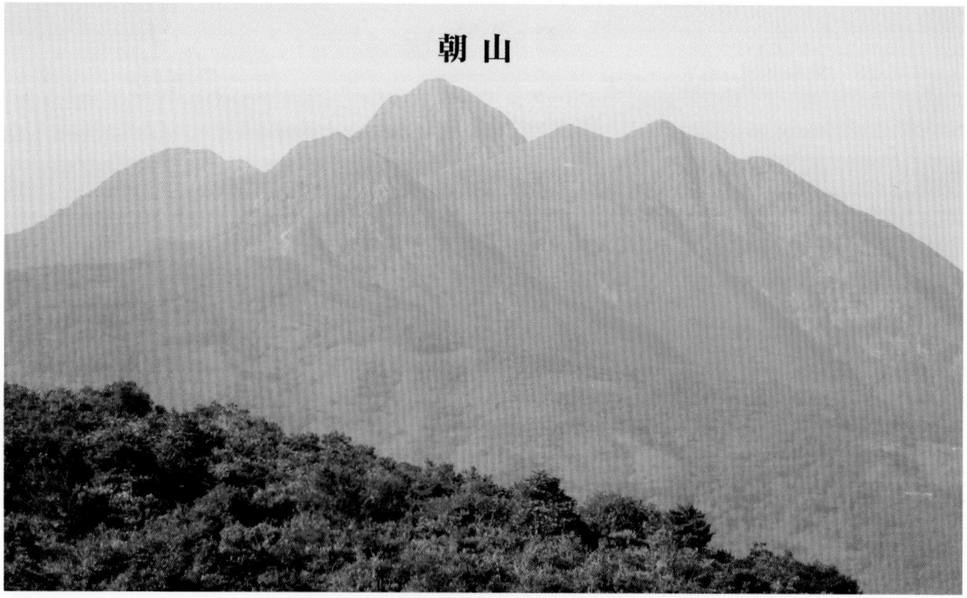

朝山

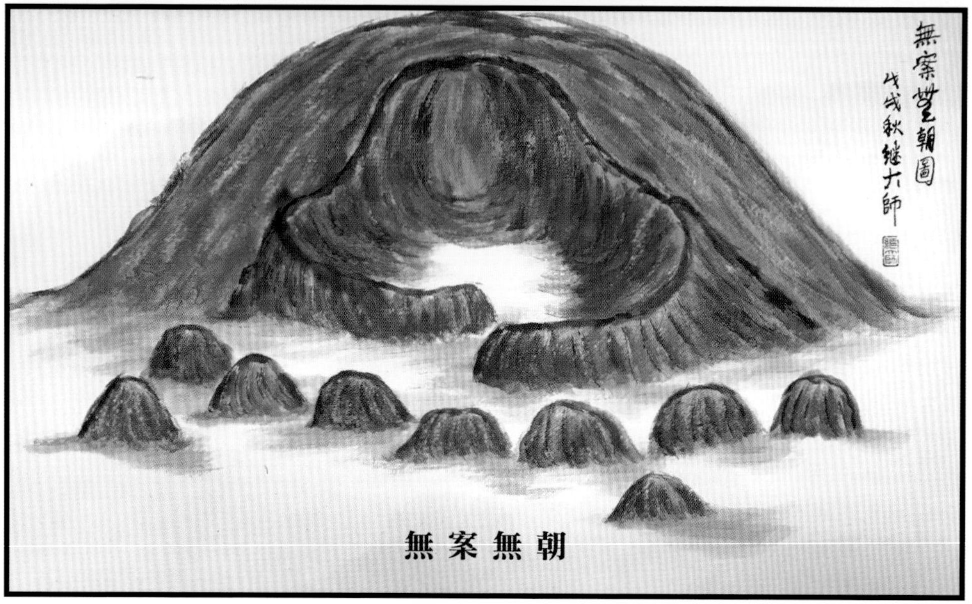

無案無朝

若仔細分別，可有下列四種剋應，茲述如下：

（一）案朝全無 —— 若穴前案山、朝山全無，根本談不上是結穴，若只得汪洋大水來朝，穴前又有大平托，止去水蕩割腳之患則例外。穴前割腳，是指穴前與水之距離很近，中間沒有平地作緩衝區，水氣直接影響穴場，主不能畜財，若配合向度，可以旺於一時。

若是穴之位置高於前方，（無朝案，一定是這種形勢。）穴方之生氣便直流於穴前方，是為去水穴，主錢財及人丁皆敗，但若是當元出煞的方位，主發一代便休。

（二）有案無朝 —— 穴前有案山，但案山之外，均無一山，這則內氣足，外氣散，穴內有生氣凝聚，案外生氣全無，主應一代，不超過兩代富饒，其後出貧窮之人，人財兩敗；或是穴之後人很多，主二房大發而五房非常貧窮，或主離鄉及移民外國發展。

（三）有朝無案 —— 穴前無近案之山，但朝山高聳，多若千重，則主穴後人第一代平凡，財氣足，因為，假若穴前「外聳千重」之山，穴一定是逆局，全兜收逆水之生氣，一定發財，且速發，但因穴前進入之生氣太多、太厚又太速，無案山作擋砂，故後人身體多不健康，但財富一定充足，或是應二房，而五房財壽兩得，這只是少許缺陷，若穴之後靠不高，這又不作長壽看，這是綜合看法。

朝山案山

有朝有案

朝山

如《雪心賦》所說：**「外聳千重。不若眠弓一案。」**只是強調案山之重要性，若穴前千山高聳而朝穴，其高度又不過穴之頭頂，則穴甚是富貴；郭璞著**《葬書》〈內篇〉**有云：

「經曰：氣乘風則散。界水則止。古人聚之使不散。行之使有止。故謂之。風水之法。得水為上。藏風次之。」

這**「得水為上。藏風次之」**，正是中國古代風水學之根本理論，「有朝無案」而「外聳千重」，正是「得水為上」應有之地勢，故風水之學是綜合多種山形地勢而論其吉凶，不可一概而論。

（四）有朝有案 —— 穴前有案山，又有朝山，這是內氣外氣具足，堂局深廣，若朝案高於穴方，是逆水大局，財富充足，若穴方高於朝案，便是順水局，順水局中，依案山之「高要齊眉。低要齊心。」為標準，那就不會送水，不會水走而去。

而順水局是案山低而近，朝山高聳而遠，主初年貧窮，葬後愈久愈發，先貧後富之象，（這指案山低於心胸而言。）若案山高度標準，則發福長久。

有朝有案之穴，其案與穴之間，及案與朝之間，必是平地，是為穴之明堂，故穴至

朝山

少有兩個明堂，明堂多，則發福愈是久遠，代數長久，故此以上四點，以「有朝有案」者為最上乘，最大吉。

朝山者，向穴朝拜之山也，與案山之看法相同，只是較案山為遠，因離穴前較遠，四週山勢，多必繞著穴塲，是為穴之「羅城」，像城牆一樣，把城池圍著。

有時穴之朝山，不止一重，但在穴塲上看去，以眼見最近之一層為主，這層朝山若與四週山群相連，則這正朝之山為「特朝」也。

朝山看法，大致上分三種，筆者繼大師述之如下：

（一）正朝之山若是獨特一峰高出，則穴朝單峰。

（二）若穴朝正前方有兩個高出之山峰，則穴向兩峰之中間凹位。

（三）若朝山有三個山峰朝穴，則穴立向時，朝向中間之山峰，是謂「品字三台」朝山。

清、沈鎬著**《地學》〈卷二沙、案六〉〈朝山〉**（武陵版第二六〇頁）有云：

「有單貴。有雙貴（指貴峰）**。有三貴。多至八九貴者。單峰朝峰。雙峰朝空。其餘多寡。皆論其隅。」**

特朝之山一

此段即是三峰在穴前，穴當向中峰，若四峰，穴則立向取四峰最中間之凹峰位，換句話說：

單數之峰，穴朝最中之峰。

雙數之峰，穴向中間兩峰之凹位。

以上朝峰之立向法，是風水上巒頭形勢上而論，未必一定是這樣，風水是活的，以三元元空六十四元空大卦之立向法而論，首觀其朝峰之多寡，以：

「單峰向中，雙峰向空」，作為基本理論。

若符合三元元運之衰旺則吉，不合元運衰旺則凶，合者則巒頭理氣配合元運，若不合則取旺向綫度而捨朝峰形勢；據筆者繼大師之經驗口訣，若前朝有特別之單峰，其向是當運，但側旁的卦向，是貪狼取局，卦線屬父母卦，繼大師認為可取「父母貪狼」為主局，而捨去「正收特朝」之山峰，不用正收之法，用父母貪狼兼收側旁吉峰立向之法；這是方位、立向、形勢等三者共同衡量而選取之用法。

特朝之山二

以上之朝峰立向並不甚適合在案山收峰上，因案山近穴，吉凶影響最速，這要視乎其形勢而作立向之決定，案山與朝山，因同在穴之正前方，是前、後、左、右四應星之一，故朝案之山，是用作決定龍穴所屬元運之有力佐證，再格穴之來龍，又量度穴之來去水口，用作三元元空六十四大卦之「龍、穴、向、水」去配合，若全是同卦運，便是「一卦純清」之大格局，卦理是大格，龍穴之形勢，必然是上等之大穴地也。

寫一朝案山之口訣曰：

朝案之法　單峰取峰
雙峰取空　三峰取中
卦取貪狼　認定元空
形神取決　福在其中

《本篇完》

（六）明堂法及近案小丘之斷法

繼大師

三國時代與唐朝時期的風水祖師，對於風水龍穴的演繹方法不同，魏、管輅著**《管氏指蒙》〈卷二之十八〉**——**〈四勢三形〉**（裕文堂書局出版，第六十四頁）有云：

「故曰：三形衛其元室。四勢衛其明堂。如展屏。如列城。如覆釜。如懸鐘。惟駐立顧中。而無馳逐離去之意。則為佳城之藏。」

「元室」即穴位也，「三形」即是來龍靠山、左青龍及右白虎；而穴即使有結作，前面必須有明堂，「明堂」即是穴前之平地，加上本身穴位之來龍靠山，合共四勢，而圍繞著明堂，這樣生氣便凝聚在明堂內，穴朝着明堂，吸納生氣，生氣聚於明堂，穴則大旺，故云：**「四勢衛其明堂。」**

管輅以「穴」和「明堂」分開看，比喻陰陽，兩者合一，始為圓滿，穴得來龍脈氣為主，而穴位結在脈氣聚處，以左右護脈包拱，則脈氣自然畜止。以「明堂」得生氣而為穴所受用，穴與明堂，分開去演繹，兩者相合而說，則好風水地，自能形成。

唐、楊筠松祖師則以穴之「靠山、左青龍、右白虎、前案、明堂、朝山」等砂物，定穴之真偽。穴是主體，這亦可稱為陰陽相對，山不動是陰時，水流動便是陽，高低、凹凸、山水、遠近、長短、大小、光暗、動靜、男女等，全屬陰陽學範圍之內。

一般得地氣，是指地脈凸出之部份，它由高至低伸延開去，無論陽居或陰墳，皆以得地氣為主，現代人倡說陽居以生氣為主，陰墳以地氣為主，這種說法是遍面的。

其實，無論陰陽二宅，地氣及生氣，同樣重要，即是：

穴位——「三形」的環境，加上得到地脈之氣所凝聚而成「元室」，即是得到「地氣」。

堂局——「四勢」的環境，加上得到八方的生氣所凝聚而成「明堂」，即是得到「生氣」。

一棟大廈，它建於平地略低窪之處，下雨時，水便流入，導致水浸，無論是輕微或嚴重的水浸，此謂之「犯界水」，即是「犯水煞」，這則凶矣。建於略突之處，雖位於平地上，下雨時，水必向更低窪的地區流去，平地略突出之地，自然避開界水，必能得到地脈之氣，這就是風水形勢上（巒頭）的基本理論。

「生氣」者，指本身陽居或陰墳之處，面對着前方的空間環境，「觀景好」則謂之風景美麗，不一定「風水好」，但「風水好」大多數風景好。若對着破爛之石塊，巉岩的山石，若逼近穴場，沒有剩餘的空間，則閉塞了前景，這屋或墳前沒有空間，則生氣沒法凝聚，現代人稱「不開陽」，面前閉翳，這是一般標準而論，但亦有例外。

明堂之作用，除了使穴場面對之觀景美麗外，在風水角度來說，明堂上有廣大之空間，四週有山群環繞，整個立體空間，生氣自能凝聚，而朝對穴場，是為穴所用，就如管輅先生所說之「四勢衛其明堂」，古人認為，四方八面地勢之水氣，由擠逼流去寬濶的地方，又從高處流去低處。

而明堂是指穴前方，其高度低於穴之大平地，四方八面圍着穴前的大平地，則生動之氣，被群山環繞，生氣便能聚集於平地的上空，由平地承托着，穴得此生氣，則旺盛；這是古代風水學家對明堂功能的一種認定。

明堂一般只有一個，亦可有兩個、三個，或多個不等，以陰宅上來論，脈氣細微，突出之脈，由高處落下，脈至一處，突然出現一小平地在突脈之上，左右又出現護脈，前有橫欄之案山朝穴，案山之外，又有一大片平地，平地之盡處是一大片山群來環繞（羅城），這樣，便形成有三個明堂在穴前。

外明堂

明堂之種類，筆者繼大師現解釋如下：

內明堂 —— 脈氣由高而下，突然凸出之脈氣止於一塊小平地上，而穴又結於凸脈之上，則這小平地稱為「內明堂」，是明堂証穴法之一，又稱「氈唇、爐底、簷毬、弦稜。」故古人點穴之口訣為：「上枕毬圓。下對水尖。」「水尖」即穴前左右守護脈之相交處，正是兩水交匯點，故稱「水尖」，此小平地，是為穴之內明堂。

中明堂 —— 穴前內明堂之左右護脈相交處，與穴前案山之間的平地範圍，謂之「中明堂」，即是在結穴處龍虎砂之外，案山之內。

外明堂 —— 穴前案山之外，有一大片平地，平地盡處又有群山作羅城而環繞，這案山之外，羅城之內的大平地，稱為「外明堂」，一般大富大貴之地，始有外明堂，這更顯得穴之富貴，主蔭生胸懷大志及胸襟廣闊之人。

明堂口訣是：**「內堂要夾死狗，外堂能容萬馬。」**

內明堂緊聚，近穴之龍虎二砂必然緊抱穴場，內氣必聚，外明堂廣闊，則外局範圍之平地必大，外明堂之四面山巒多高聳，然而四周山巒所形成之羅城，不能出現有凹位空隙，若有凹峰，其凹位外處，要有山峰補缺，如《雪心賦》（竹林版 — 孟浩註〈卷三〉之第二頁）所云：

「山外山稠疊。補缺障空。」

有了凹峰外之山峰，則羅城沒有穿崩，外氣始聚，但羅城與穴之間，不可迫壓，其空間之大小，即是明堂之大小；若內明堂中間處有一小圓墩山丘出現，其位置在明堂正中心，正對穴場，山丘後是案山，而又不與案山相連，獨立的山丘，會把明堂內所收集之生氣做成破壞，而穴場正對此種山丘，會應後人有眼疾，或有女子墮胎等凶事。

若圓墩山丘，雖然出現在明堂之中心，但山丘之後方案山，與其相連，即是案山中間拖出一脈而與小山丘相連，穴若正對山丘，仍然可看見明堂上之空間，在這種情況下，則不作眼患及墮胎論，如**《雪心賦》〈卷四〉**云：

「一坯土居正穴之前。未可斷為患眼。一小山傍大山之下。未可指為墮胎。或作蟠龍戲珠。或作靈貓捕鼠。」

這種地形，若是真龍所結之穴地，可喚作「蟠龍戲珠」或「靈貓捕鼠」，筆者繼大師於元朗大棠，曾勘察過「貍貓戲鼠」穴，正是此等穴形，穴前有山丘作近案，緊貼穴位上之山丘，前後兩山丘間凹下之處是界水，來龍由左後方之青龍砂而來，跌斷後出現蜂腰，脈氣收緊，起出一父母山，其形像一貍貓，是橫龍結穴，近案山丘，就像一隻老鼠，故喝名「貍貓戲鼠」。

葬下後，其後人之大女兒，由小學至中學期間，皆是跑步高手，所得之冠軍獎牌，滿屋都是，這皆是貍貓的靈力所蔭佑之故。

穴前近案山丘，若與父母星丘的闊度差不多，雖正居穴前而迫貼穴星，則未可斷為「眼疾或墮胎」之說，更何況案外遠山又有羅城大幛圍繞呢！這正是逆水局，主應二房速發。假若穴前近案山丘是圓頂形，屬金星丘，其形體小者，這稱之為「玉印」，這玉印之案山若被破壞，體形破碎，則出後人有眼疾及墮胎之患，如**《雪心賦》〈卷四〉**說：

「玉印形如破碎。非瞽目則主傷胎。」

若穴前近案之小山丘是方形平頂，則稱為「金箱」，是吉砂，圓金形山丘，主旺人丁，若平圓頂山丘而帶圓角，則為「倉庫」，主有財帛，而純平頂之金箱山丘，亦主財富，何況更有「有案速發」之說呢！但若近案山丘頂雖平，而兩邊一高一低，其形體欹斜，是斜平頂，這則主後人喜歡吸烟，嚴重者是吸食毒品，即如**《雪心賦》〈卷四〉**云：

「金箱頭若高低。非煙包則為灰袋。」

總而言之，在明堂上出現近穴之山丘，必須端正有情，以拱穴、朝穴、抱穴、拜穴、衛穴為吉。反背、側身、破面，破臉、破碎、醜陋者為凶。

而近案小山丘，要與明堂互相配合，小丘之位置，不可在明堂上突然出現而正對穴位，一大片平地中獨立突出之小丘或大石塊等，雖然其形體不大，因明堂四周有山群圍繞，生氣聚於明堂，這突出的小山丘，會把整個明堂之生氣弄亂的。

明堂要「中空四圍」，平地空曠，四周有山環繞，則明堂內之空間，被四周山勢環繞着，穴正對明堂，則明堂能令穴位納入生氣，這穴之力，是來自兩方面的靈氣，就是：

（一）地氣——穴得來脈地氣凝聚，而穴居正位。

（二）生氣——穴前方被四山環繞着之平地空間。

穴得地氣及生氣，則陰陽之氣始齊全，城市陽居建在有地脈之穴，與陰墳看法相同，以穴位來說，陰宅陽居是同樣的，但是，在一個城市上來說，城市大部份都是「三閉一空」，其三面環山，一面略低而較空曠，則三閉處所環繞之範圍內，其平地之空間內，便是生氣凝聚之處。

故城市內之高樓大廈，多處於聚氣之範圍內，以城市來說，就是以生氣為重，這

又不同於鄉村上得龍脈地氣及明堂生氣之說，但其道理亦可互通，按環境而分類。

無論如何，明堂與穴，是不可分開看的，這**「三形衛元室。四勢衛明堂。」**是古代經典之風水根本理論，亦是重要口訣，這是一千七百多年前古代風水明師管輅之主張。

直至唐、僖宗（A.D.873 - 888）期間，風水祖師楊筠松所著**《撼龍經》**（四庫全書版本武陵 N0:54 第 11-12 頁），則以四正之山作証穴之理論，其中提倡的是：**「亦有高峰是玄武。玄武落處四獸聚。聚處方為龍聚星。四獸不顧只成空。空亡龍上莫尋穴。縱然有穴易歇滅。」**

楊公以地脈中所結之穴為主，四面有山，穴在十字線之中心上，這是統一的說法，筆者繼大師認為兩種說法都是相通的，以管輅之說法較為細緻，而楊公之說法則乾淨俐落，最好兩者共參，務求明白領悟。

「藏風聚氣」是好風水之原則，而「得水為上」是富有之根源，兩者共得，好風水之地則成矣，成為好風水地，則着重尋龍之法，尋得真龍後就是點穴之法，是地氣集中之地點，再在穴上觀看明堂及其四周山勢。

故**《雪心賦》**有**「登穴看明堂」**之說，而楊公亦說：**「有人識得明堂法。五百季中一間生。」**

可見風水之學，難學難明，明師難求也。

寫一偈曰：

四勢三形
地脈生成
左右吉凶
得者繁盛

《本篇完》

（七）羅城及凹峰詳解

繼大師

「羅城」一語，在風水學上，是指陽居或穴位最「的」之位置，以它為中心，四方八面，尤以前方範圍，均有群山圍繞，山峰頓起相連，像中國古時之城牆，把城市圍着。「羅城」雖然只得一種，但可適用於陰陽二宅穴位及城市、鄉村、市邑等垣局上。

城市中之羅城 —— 大凡一個都會城市，其結作是三面環山，一面略低，低處亦有矮小之橫山圍繞，中國古代稱之為「垣局」，垣局群山環繞一大片平地，是城市之中心區，羅城（城市四週的群山）愈多重，則城市之生氣愈厚，發福愈久。

羅城群山有三面，如出現在北方、東方及西方，則以北方群山作為城市之來龍地脈，東方及西方之群山羅城為守護之山，稱為「輔星」、「弼星」，這冠以九星中之「左輔、右弼」，以辨認其功能。

楊筠松祖師著**《撼龍經》** ——**《垣局》**（見**《廖注撼龍經》**（武陵出版五十二內第十二頁）有云：

「君如要識左輔宿。凡入皇都辨垣局。重重圍繞八九重。九重之外尤重複。重山複嶺看輔星。高山頂上幞（幞與袱同）**頭橫。低處恰如千官入。載弁**（註）**橫班如覆笠。**

仔細看來真不同。應是為垣皆富局。要知此星名侍衛。入到垣中最為貴（這指後唐首都「洛陽」）**。東華西華門水橫。水外四圍立峰位。此是垣前執法星。卻分左右為兵衛。…… 華蓋三台前後衛。」**

（繼大師註：「弁」音扁 — 古代的一種帽子，貴族子弟加冠典禮時，用弁束着頭髮，禮成後把弁棄掉不用。）

此段垣局篇所説，就是把城市四周之山峰形勢，冠以九星之名（貪狼、巨門、祿存、文曲、廉貞、武曲、破軍、左輔、右弼。）説出不同的山峰，出現在羅城垣局四週不同的位置，顯示出不同的功能。其中是：

左輔宿 —— 守護着城市而在城市兩側旁之羅城山峰，輔星愈多則愈吉。

楊公又用「兵丁侍衛、執法星」等去形容羅城中的山峰在城市中的位置及角式，這「幞（袱）頭橫」即是城市垣局中之後靠羅城山峰，而「載弁、橫班、覆笠」等，即是城市中略低之一面，有很多矮小之山，如千個文武百官一樣，向着城市中間後靠方朝拜，這便是朝向城市中心方之羅城垣局朝山，它像侍衛一樣，守護着城市。

在城市垣局前朝略低一方之左右角，有山峰屹立，其位置剛好在城市略低出水口處之左右方，稱之為「左右執法星」，像兵丁一樣，捍衛着城市。而「華蓋三台」是指城市中間後方主脈來龍方之垣局羅城山峰，來龍山峰愈高愈多，則地氣愈厚，山峰愈高，則出人壽命愈長。故此，在城市四週之群山，都屬於羅城範圍。

在羅城群山之中，未必完全相連，山峰之間，有時會出現大山坳，是風之管道，風從凹坳之間穿過，此種風稱為「坳風」，而凹坳之山形，稱為「坳峰」，坳風即凹風，坳峰即凹峰，坳風從坳峰中間凹縫穿過，山與山之間的坳峰若闊大，則凹風緩和地吹，並不構成風煞，故凹峰寬闊則吉。

若凹峰尖窄，凹風急吹，則風力集中而力猛，故構成風煞，古人稱為：「箭風」，現代人稱大廈與大廈間之窄縫為「天斬煞」，其實正是古人所稱之「箭風」。

一個城市垣局，由三閉一空所組成，「三閉」是三面環山，「一空」是一面略低，是出水口方，若是城市垣局，其四面均是群山羅城環繞，城市中心，後面必須背靠較高的山群，在前面的一方，是一大片平地或大海、大湖、大江等，而海、湖、江，便成了城市外之明堂，為「水聚天心」，正是「三閉一空」的原理，而海、湖、江之明堂，把城市垣局之生氣舒緩，減去壓迫感覺，而生氣聚於水中的明堂上，非常吉祥。

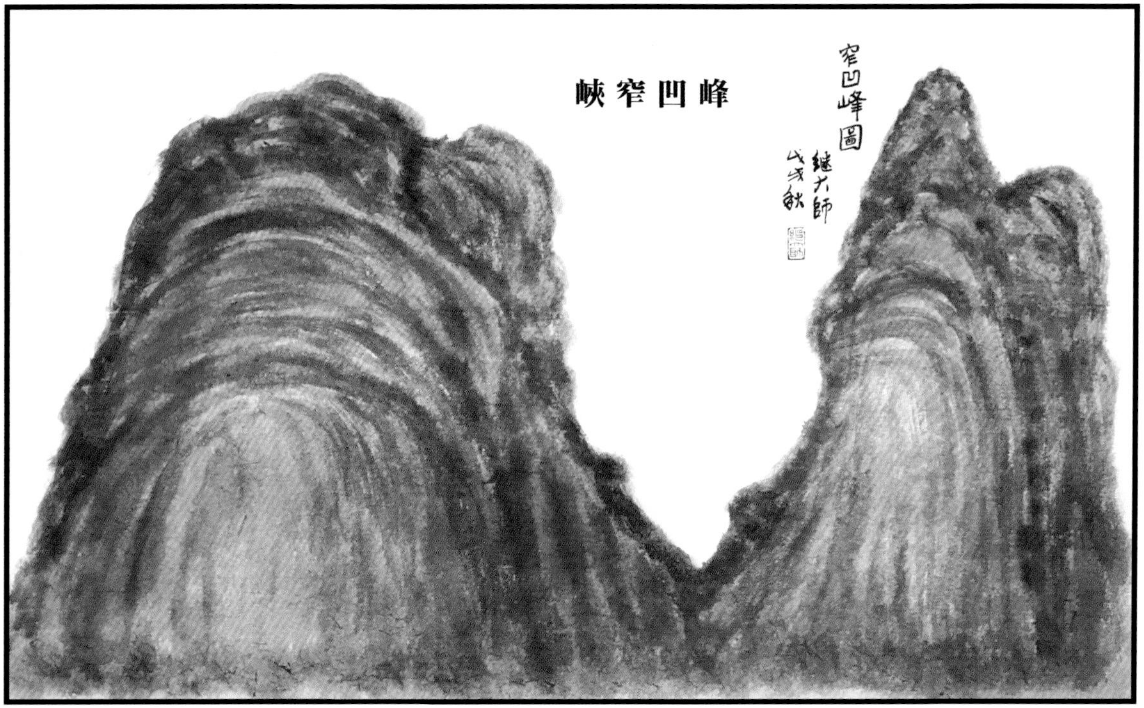

又有一種城市羅城垣局，其群山羅城圍繞，若山勢高而沒有一方空蕩，則成了一個「困」字，困則主窮困，但若城市建在羅城群山之下，三面群山，中間一方山勢特闊，為主城市的正靠，前有闊大之平地，成了主城之明堂，堂局外之遠處有群山作朝，有平地則不怕困，亦不會欺壓，這樣建設的城市地域，始有生氣，其原理和之前所述之海、湖、江作明堂相同。

另有一種城市羅城垣局，城市四週有群山作羅城圍繞，主城在中心區，其正朝前方羅城，出現缺口凹峰，這缺口便是坳峰，有坳風吹入城中，這一大缺口，尤如陽居中的大門，亦是城市的出水口，收取前方生氣，這是城市吉祥風水中之「三閉一空」口訣。

以上所論之羅城，是以城市陽居為主，是城市大局之看法。在羅城砂法中，不論是陰宅墳穴，或是個別之陽宅結地，其四週群山即是羅城，這是以個別結穴而論，與城市垣局及羅城的關係不同，一是指地脈結穴而論，一指大城市之垣局而言。

來龍地脈所結之穴，地方結得大則是陽居，地方結得小則是陰宅祖墳，在結地之龍穴上，一方背着來龍靠山，朝向之處，四週群山圍繞，則羅城周全而未有缺口，穴前方明堂與羅城間之空間，生氣凝聚，穴則興旺，但前山羅城不可欺壓穴場，這樣的穴，配合了羅城的高低及遠近，為大吉之象。

穴前之羅城，若有缺口，缺口要闊，不可尖窄，與前段垣局之羅城看法相同，缺口是坳峰，收前方之風，名「風門」，風帶着山脈生氣（黃氣），若是來水方，便是「天門」，若是去水方，則是「地戶」，凹峰要正正朝穴，則大旺人丁。

筆者繼大師述說坳峰的口訣如下：

坳峰催丁。凹峰之缺口要大，其底部要高，高出之處的下方是山腳，腳下是平地，是穴前明堂之盡處，這樣，穴必是朝逆水局，兜收前山凹峰之逆氣，逆收則速發，這是最好之凹峰，逆水凹峰，丁財兩旺。

若凹峰比穴低，穴是順局，而凹峰之外，中間要有山峰填補，若凹峰之外處是低地，水氣一去不回，則成「順水局」，甚至成為「去水局」即「送水局」，穴朝送水凹峰，主離鄉而去，嚴重一些，則丁財兩敗也。

凹峰之位置，要正正朝穴，為穴所用，若凹峰之位置不在穴之正前方；這可能是穴之位置不正確，或是虛花假穴，昔日於一九八九年，在恩師 呂克明先生帶領之下，前往東莞石井「獅子滾球穴」，勘察鄧氏宋皇姑祖墳，穴正前方之處有一凹峰，可惜凹峰偏了右邊，並非在穴之正前方，呂師即時說出，可能穴位有所偏差。

凹峰掃腦

另外凹峰出現在穴前羅城處，在穴位上，量度凹峰方位，不可在空亡煞線上，例如在黃泉八煞的方位上，若凹峰煞方在酉方正綫上，則穴之後人，不可在酉年出生，其次是丑、巳及卯年，主應後人有意外及短壽等，若凹峰在穴前方而非在煞位，則主人丁大旺，如在未位，則未、亥、卯年生人大吉，通常凹峰在穴之正前方是較為吉祥一些，因凹峰催丁之故。

凹峰之位置，不可在穴之後方出現，穴之後方，是為來龍入脈之處，若有凹峰正正坐穴之後頭，其凹峰最低之點，一定要高過穴頂墳頭，且在墳頭上方至少五、六尺或以上高度方可，否則風從凹峰位正後方吹入墳頭，穴之後人，壽命不長，因後方是「天柱」位，天柱高則長壽，天柱有凹風吹穴頂，人多短壽，且會出瘋子，或後代有頭痛或頭病，或出白癡兒，或因頭部有意外而亡等。

穴之正正左右方，亦不可有凹峰，若凹峰在穴之正青龍方，被凹風所吹，穴後人長房必敗，若凹風吹正穴之右方，則應三房，風從坳峰吹射穴場，風帶有水氣，穴中之骨骸受了風煞吹襲，其骨必黑，吹到那裡，後人那裡就有病，嚴重一些，會患絕症，故風吹穴，一定要小心預防。

穴位若有發現這些缺陷，筆者繼大師教大家一個方法化解，其理簡單易做，所謂「江湖一點訣，說破不值錢。」其法要在坳位方與穴之間堆土，或植樹，使在穴中不見，則可避得一時。

又有一種穴，名「擔凹穴」，或作「雙金降水」，或「凹腦天財」，或「雙金扛水」，名雖異，但穴法相通，在香港新界新田處，有趙聿修先生祖墳，名「雙金降（扛）水」，

送水凹峰

逆水凹峰

凹峰掃腦

屬橫龍結穴，穴在橫拖一脈之中，穴之來龍從青龍方高山落脈，拖出後平放而行，生出兩個金星圓丘，兩圓丘之間，略生出一凸脈，穴結凸脈之下，白虎方向下生出一圓丘作護脈，為脈之下關砂手，若無此下關砂，不能結穴。

遠離穴之正後方，有一獨立山峰，作穴後之正靠「樂山」，若離開穴場，往穴之正面看去，穴上兩旁，就是兩個圓金形山丘，中間有飽滿的脈，穴結在凹位平綫之下，這就是點穴之功夫所在處。

這種穴，不屬於凹風掃腦，筆者繼大師解釋其原因有二：

（一）穴在凹位之下方氣脈處，約有三至五尺之後枕，左右有護砂守穴，是為內龍虎，有落脈，非「仰瓦穴」。

何謂「仰瓦穴」呢？在明、繆希雍撰**《葬經翼》〈怪穴篇三〉**（集文書局印行，第廿一頁）云：**「穴有仰瓦者。法曰。兩金扛一水穴。在軟中裁。凡天財體多是背後仰瓦。只有乳為真。及鬼星托樂為準。」**

凹峰高於父母星

橫龍結穴凹峰作靠

此處說出平土山丘（即天財），背後多是仰起向天，中間沒有落脈，若有脈如乳形，山丘後方又有脈撐着，方為真穴。

（二）穴之正正後方，有高聳之山峰在遠處，正照穴頂，是謂得樂靠之山（樂音 ngau），故有天柱後照星，不怕被風吹腦。

此種橫龍結穴，在穴枕之後脊，一定要有餘脈撐着，名為「鬼尾」，否則定是假穴，若穴真，一定脈氣足，而「後照山」對正後頭，此是點穴心法。

筆者繼大師又見在元朗錦田水尾村對面山邊，在荷葉伏龜穴之左後方來龍處，有一墓地名「鐵爐墳」，後方沒有來龍氣脈，其穴之後頭近方，剛好靠正兩個山丘中間之凹位處，凹風吹頂掃腦，沒有「樂山」作靠，靠空也，俗師又說是凹腦天財穴，殊不知這是一個凹風吹腦大凶之穴，所以，知要真知，似知非知，點穴一定誤人子孫，哀哉矣！

故此，凹峰之看法，要得真口訣，羅城間，又會有凹峰之出現，凹峰與羅城，關係密切，不可分開看。

寫一偈曰：

羅城凹峰　置穴前中
後頭射穴　子孫癲瘋

《本篇完》

（八）官、鬼、禽、曜之說

繼大師

山脈在穴場四周，以穴為中心，守護穴場，以真龍結穴來說，有四種不同的砂（砂即一切山形地物。）出現在穴之前、後、左、右及穴前看去在出水口之山丘，在風水學上，有不同的名稱，去形容這些山勢及功能，四種砂為：

「官、鬼、禽、曜。」

筆者繼大師現解釋其功能及位置如下：

官鬼禽曜圖

（一）官 —— 即「官星」，穴前方出現有三角形小丘山脈，一般出現在兩種位置上，尖角形向正朝案二山之方，位於穴前平托內明堂之下，立在穴中向前望，不見其三角形山丘，只見穴前之小明堂及前面案山，兩者之間是深窩，三角形山丘在深窩之中。

其二，三角形山丘之官星，其位置在案山之下，拖出一塊三角形山脈，于朝山與案山之間，三角形山之平的一面，緊貼案山之下，背着穴場，三角形尖方，對向穴之朝山，立在穴場上，只看見案山或朝山，朝山高而遠，案山低而近穴，故在穴中，朝、案之山，均能同見。

無論三角形之官星山丘，在案山之前，或在案山之後，

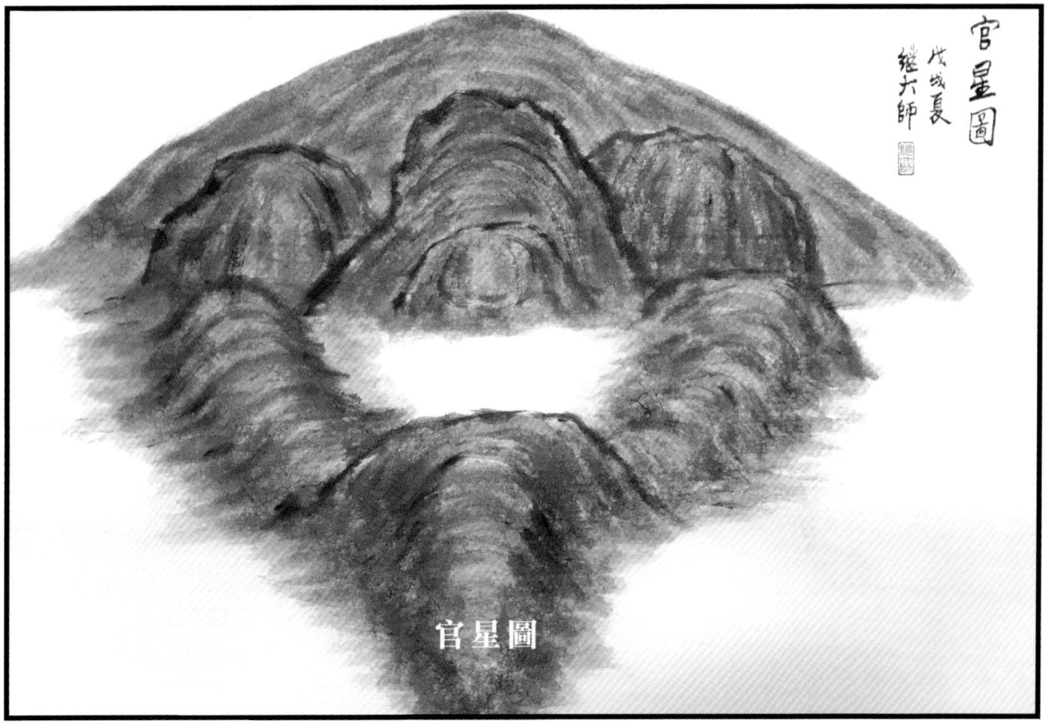

官星圖

三角形之官星山丘，其尖角點一定朝出，平的一面近穴方，有了這兩點原則，始構成「官星」。

以上所論之官星，是指半臥式的形勢，而官星又有「眠體」，即臥式，在高空往下看之平面地形是三角形，有可能是兩水相交而成尖角形，或兩條公路相交而成三角形，或有三角形之水池，亦可視作臥式之官星。其原則與前述相同。

此種臥式之官星，因其範圍大而不易察覺，與立體之官星，其功能相若。官星一定指穴前之山，無論陰陽二宅，所應的是以權力為主，故能出官貴。

穴位前方地脈餘氣，若拖出三角形之脈，尖角向出，且近穴位，而穴之父母丘又是圓金形，是為火剋金，穴為「金鐘伏火」，因為在穴上可見，必須用人工剪去火咀，方合穴法，這種情況，不同於穴前之官星也。

（二）鬼——「鬼」即「鬼星」，古人用鬼星去形容此種山勢，非常貼切，鬼是人看不見的，又是依附着人的背後，以橫龍結穴的穴位來說，穴所正靠之父母丘，有脈凸出，正正撐着穴之父母星丘後方，這後方拖出之脈，便是「鬼星」。

在龍法之中，橫龍所結之穴，來龍是從東或西面來，起出一山丘，山丘向南方中間落脈，左右生出龍虎二砂作侍砂，山丘之北方，拖出一脈，脈頂與父母山丘之頂相連，脈拖往北方去，遠看這脈有挺着父母山丘之勢，這穴星後之脈，便是鬼星，因在穴星之後，故又稱「鬼尾」，而在橫龍結穴中，一定要靠鬼尾在穴後托着父母山丘，功能是保護及支撐著穴場。

在**《地理人子須知》《砂法》**——**《論鬼星》**（乾坤版第二九〇頁）有云：

「如何謂之鬼。在後頭撐者是。蓋撞背來龍結穴則無鬼。（繼大師註：指直龍結穴，來龍從穴之正後方而來，生出父母山丘，穴結山丘之下。）**惟是橫龍結穴。必須有鬼星撐在穴後。方証得穴之真。」**

鬼尾在穴之後頭，要表現出有撐穴星之勢方吉，鬼尾不可背着穴後而拖得太長，太長則脈氣反走，脈氣走洩，反而傷穴，橫龍除了要有鬼尾之外，穴星之正後方，要有高出之山峰出現，作穴之靠山。這獨立之山峰，稱為「樂（ngau）山」，故樂山是指遠離穴後獨立的靠山。

鬼尾亦不可太短，太短則無力撐穴，以致保護力不足而使穴場容易受損。鬼尾亦不可偏斜，偏斜而彎向穴後之左或右方，則砂脈不能撐着穴星。

又有一種鬼尾，脈從穴星頂部起出，分左右兩脈從穴星後方落下，然後向內彎，似穴之左右護脈般，此種鬼尾非常有情，故稱之為「孝順鬼」，屬於吉砂。鬼尾之脈不可斷破，或出現石脈，斷則破敗，有石脈則脈氣未化，帶有煞氣。

（三）禽——在水中出現的石塊、大石、石山、石丘，像飛禽或鳥獸形，故稱「禽星」，水中之石，無論在穴場中看見或看不見，是穴前整個羅城明

青龍方之曜星

堂中最低的地方，是出水口處，出水口中之山丘、山峰、石塊等，均稱為「羅星」，而大石高聳者稱為「北辰」，在楊筠松著《撼龍經》（武陵版，高其卓批，冠蒂川註，榮錫勳校補，第三九六頁）有云：

「請君看此州縣間。何處不生水口山。水口關闌皆破祿。無腳交牙如矗環。（矗音畜，高立也。）**或有橫山如卧虎。或作重重如瓜瓠。**（瓠音胡，莖蔓生長的草本植物。）**」**

故在陽居之城鎮中，有水流出之處，有石橫放在水中，如動物或鳥類形等，此等石塊山丘，便是羅星，在大陽宅城市內，其中心若是湖、江、海等，來水方要闊大，去水方要有羅星、北辰，或有小島、山丘等出現，把水氣流走之速度減慢。

而「禽星」多是指結穴中所見之出水口中的石塊或山丘，禽星之頭要朝向穴方，是為逆水禽砂，則是大吉；若頭朝出水方去，是順水，主財易散去，不能畜財。

禽星之形狀有很多，如龜、魚、鳥、筍、笏、金印、玉印、筆架、蓮花、元寶不等，若在穴中能見禽星，禽星之種類，亦可對穴中之後人有不同之影響，禽星水口，要在穴之煞方，煞出，則旺氣自來，故名「出煞水」。

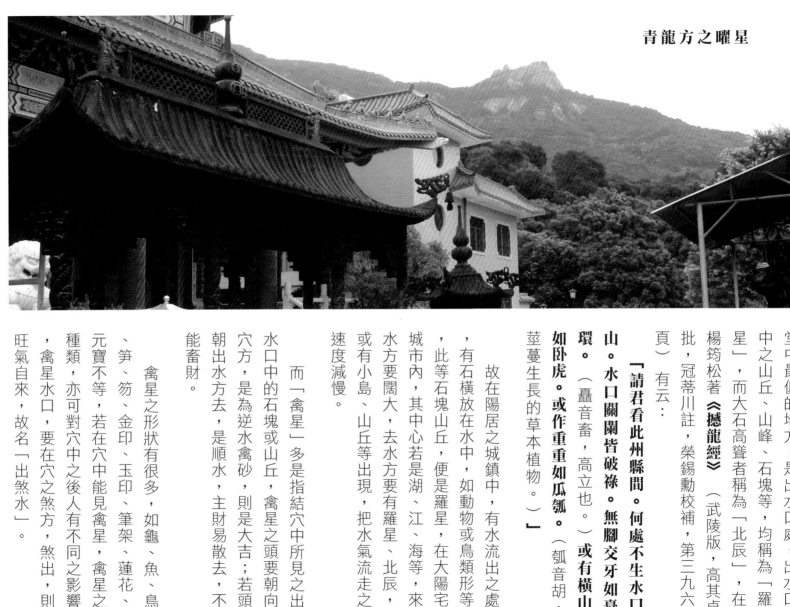

禽星要愈多層則愈好，內堂生氣愈聚，發福愈長久，或在穴場中可見到禽星，但又看不見出水口，這是大吉之象，禽星要露出水面為奇，石塊要圓潤光滑，又要大塊及高聳矗立，形狀要巧，要像禽物，則靈氣存神，禽星切不可崩裂、破碎、巖巉、無情、尖剋、醜陋等，禽星若凶惡無情，出人也較凶惡。

曜——即「曜星」，「曜」指在穴之左右龍虎護砂山脈頂脊上的大石塊，石塊要圓大潤滑，石塊若頂部尖長，其石尖要向天，或朝向穴之外面，切不可射向穴場。

筆者繼大師於1989年（己巳年）及2013年（癸巳年）前往江西梅窖鎮三僚村，尋訪風水祖師楊筠松先生之仙踪，村內的舊楊公廟，坐北朝南，右邊白虎方山脈脊上有尖頂圓形的大石數塊，稱為「包裹石」，正是「曜星」，側旁不遠處結有「娥眉穴」，坐子向午，內葬曾文辿後人的風水師子孫，後在明朝出曾從政國師，為永樂皇帝建祖墳，為風水界中的狀元。

「曜星」不可破碎崩裂，曜星石塊宜高大，高聳則貴，主應穴中後人官職位高，切不可短少，短少則主官職低，或官運不長久，或青年得官位而夭折。

在穴之左右方出現為之曜星

禽星曜星圖

曜星若出現在穴之龍虎山丘頂上，而龍砂或虎砂，其形勢有走離穴場之勢，主穴之後人有離鄉發蹟而得官位，但若石曜破碎，則主官敗於異鄉，嚴重者會喪命。

曜星雖然主應官貴，但亦要與龍穴之大小而同看，一切以龍法為主，千里來龍，若是真龍，定出高官，若龍脈短小，雖有曜星，官位未必一定高，若論財富，一定以穴上得水為主，穴能收逆水，必發富，再得曜星之助，富貴兩全。

若曜星高大，穴是順水局，則應較遠代之人，穴近代之後人，有好的官職而未必發富。故看曜星，要與「龍、穴、砂、水、向」等同看，砂主貴，得水主富，壽元要看靠山，得人之助緣要看龍虎，子孫之多寡要看穴前之平托氈唇，不同砂物，剋應不同，而古人説之四種砂「官、鬼、禽、曜」，一定是：

官——穴前之尖砂　**鬼——穴後之拖脈**

禽——穴前水口砂　**曜——穴之龍虎砂**

故有「前官、後鬼」之説，而「官、鬼、禽、曜」之出現，最直接影響穴之吉凶，因近穴場故，「官、曜」主權力，「鬼」主壽元，「禽」主財富，各司其功能，而四星之中，唯「鬼星」是橫龍結穴始有，其餘三星，直龍結穴亦可出現，或有或無，要視乎龍穴本身之貴賤，而穴四週之砂物，可有可無，是天地自然生成，一切不能勉強。寫一偈曰：

官鬼禽曜　難得知曉
得者權貴　雨順風調

《本篇完》

（九）羅星、桿門、華表、北辰之說

繼大師

山崗龍之行龍龍脈，由內陸行至臨海之一方，行龍中若出現佈滿山峰的一座大山，然後出現平地，大山之左右，又有群山環繞，形成三面環山，中間一大片平地，有一面略低而出現零星之山丘，山丘外是出水口方，或有河流在平地上由群山方流向大海或大湖之方，這種地勢，就是城市垣局之格局，出現在平地上出水口方之山丘，便是城市垣局中之「羅星」，若山丘是石山而高聳，稱為「北辰」。

由於「羅星」是指出水口方或土或石的山丘，故其功能是將水流所帶著的生氣速度減慢，若羅星山丘層層交鎖橫攔，若愈是多重，城市垣局所發旺之時運則愈是長久。

城市中略低一方，不適宜出現高山大嶺，若四面環山而同樣的高聳，在平地上的城市範圍不大，顯得不開陽，成了一個「困」字，困則出人貧窮，除非城市出水口一方之高山面對主城很遠，出水口之一方又出現一大片空曠之平地，則此種出水口方之大平地，成為主城市外之明堂，將城市閉塞之氣化去。

好風水的城市，主城要正靠來龍高山大嶺，左右又有山脈環繞，主城前面有一大片空曠平地為明堂，平地外是屈曲的出水口，水流兩岸有高山鎮守及互相對峙，此種高山在風水學上稱之為「華表山」，亦稱「捍門山」。水口之外，又有群山關攔，此種形勢的城市，格局非常好，生氣全聚於城市明堂內，又為城市所用，生氣凝聚，發福生旺。

建城之選地，不可建在垣局之出水口方，除非地質堅厚，且有高山關攔則例外。

昔日風水祖師郭璞先生，被聘在中國溫州建城，他走到比較高出之山丘頂上（現稱為郭公山），觀察甌江之南北兩地，結果選了江之南面平地建城。

郭璞說北方地質鬆散，南方地質堅厚，地氣旺盛，又命人建了108口井，以應天上36天罡，地上72地煞，他又說溫州之地勢有七大群，形像北斗七星，建城於斗口，則發福旺盛，因為建城於出水口之斗口處，是逆收甌江之水氣。

觀看古人擇地建城，以地脈堅厚為標準，更以得水為上，而建城在斗口上，斗口之山峰地脈，便是捍門之一，亦屬於「羅星」之砂，楊公在**《撼龍經》《羅星》**有云：

「水口重重生異石。定有羅星當水立。」

又說：**「關闌之山作水口。必有羅星在水間。」**

楊公以在出水口水流中間處出現之石山或山丘稱為「羅星」，每逢水口間之處，大部份都有巨石出現，因為水流長期流出，把窄道口附近之泥土沙石沖走，故只剩下大塊石頭，故有「中流砥柱」之說。

羅星之作用，是把水流所帶著的生氣阻塞，使生氣凝聚較長久，不易流走，在**《撼龍經》**（《四庫全書》武陵版第五十六頁）楊公又說：

「大河之中有砥柱。四川之口生灩澦。大姑小姑彭蠡前。採石金山作門戶。更有焦山羅剎石。雖是羅星門不固。此是大尋羅星法。識者便知愚未悟。」

楊公說之「砥柱」在河南峽州，大禹疏導河流便鑿此石，其形似柱，又在山西平陽府平陸縣，黃河流經此地段，河中又有「砥柱峰」，而西川（即四川省），其口即是瞿塘峽，舊名西陵峽，又名「夔門」，「灩澦堆」正在其口中，於江中突兀而立，如蹲獅昂首之狀，下有三足如鼎立，土名「巴江石」，由於水流湍急，使航道非常危險，於1958年治理長江流域時，石被炸掉移除，巨石塊存放在重慶三峽博物館內，供人們參觀。

大姑山在江西湖口縣之彭蠡湖中，（蠡音泥或禮）四面洪水，有一石峰獨峙湖江之中，小姑山在江西彭澤縣北，孤峰聳峭，屹立在大江之中，采（採）石山在安徽大平府東北，馬鞍山市西部的長江邊，一名「翠螺山」，江中有大石塊，名「采石磯」，石柱高丈許。

采石磯原名「牛渚磯」，三國吳時改名采石磯，位於長江東岸，由大石塊突出長江而成，江面狹窄，形勢險要，自古為鎮守長江的軍事重地，南宋紹興三十一年，江淮虞允文參軍於此地大敗金兵，史稱「采石之戰」。

羅星巨石

焦山在鎮江府東北約九里，江中有大石，名「羅剎石」，宋理宗親書「羅漢巖」三字，刻在石上，故在長江江中所出現之石塊，便是羅星，羅星鎮在江中，水氣受阻，緩慢而出，生氣凝聚。

又在錢塘江中，據宋王象之《輿地紀勝》載：秦望山附近有大石崔嵬，橫接江濤，商船海舶經此，多為風浪所傾，因呼為「羅剎石」。

楊公又說鍾山金陵（即南京）為南龍盡結之地，可惜長江垣局不全，缺乏水口砂，故自宋朝建帝都以來，國運並不長久。

楊公在**《撼龍經》——《羅星》**（武陵版廖注撼龍經內第九十一頁）有云：

「大關大鎖數千里。定有羅星橫截氣。截住江河不許流。關內不知多少地。小羅小鎖及小關。一州一縣須有關。十關十鎖百十里。定有王侯居此間。鄉落羅星小關鎖。枕水如戈石橫卧。但看無腳是關闌。重數多少分將佐。」

羅星對於垣局中所結之城市，其功能作用及原則，筆者繼大師現解釋有如下三點：

（一）河流依山勢而流，山勢三面環山而一面略低，水流必由略低之一方而出，羅星出現在出水口方之水流中，有關截水氣之功能，關鎖城市垣局內之生氣。

（二）羅星愈多層，流水亦相繼迂迴而多重，水流源頭愈長，而去水屈曲重重，羅星愈多，則城市垣局之生氣愈聚，其大小分出帝都（首都）、省會、州會、縣城、鄉市等等，故羅星多，則關鎖亦多，所結垣局亦大，故楊公云：**「十關十鎖百十里，定有王侯居此間。」**

（三）羅星是大石塊，最好出現在大江大河之中央，可橫臥及豎立，亦要配合在江河兩傍出現之山丘（即水口砂），兩者配合，把水流生氣關鎖，則城市垣局生氣愈旺，發福愈久。出水口兩傍相對之山，稱為「華表」，亦名「捍門」，有捍衛門戶之意，亦是水口砂之一種，無論是「華表、捍門、羅星、禽星」等，都要互相配合，出現在適當位置便可。

以上所說的羅星及水口砂，是以陽居城市大垣局而論，亦是天地生成，若明其中道理，以現代人的科技，可以在城市之出水口方，設計出大型建築物，甚至可以建地

巨石北辰

標，以旅遊觀光之建築物為景點，如大型高塔、電視塔、新型大廈，建大橋樑連接各水口砂，亦有關鎖水口之作用。

可以在出水口外，以人工堆出小島，配合方位，亦可建造出合乎好風水之城市格局，如美國紐約曼哈頓市的自由神像 (Statue of Liberty) ，就是建於艾麗斯島 (Ellis Island) 水口砂上，又如廣州出水口處的琶洲塔、赤崗塔及新建高聳的「小蠻腰」等建築物，都是人工水口砂。

至於陰宅墳穴附近範圍所出現之「羅星、華表、桿門」等水口砂，筆者繼大師解釋如下：

（一）陰宅墳穴，依地脈山勢而得出地氣所集結之地，是真龍結穴的地方，以立在穴上環迴向四週觀看，所見者有大河大江等，穴前所見前方最低之出水口處，出現有山丘，便是穴之水口砂。

若穴前看見有水流流走，出水口之水流上出現大石塊，這便是穴墳中之「羅星」；若穴前所見有大江大河水流，在出水口處的兩傍，出現有高聳之山峰相對，這便是

玉女拜堂穴前之人工華表

「桿門」，山峰名「華表」，均有守護穴場範圍內生氣，使之凝聚。

（二）穴前之「羅星」、華表、桿門」等水口砂，一定以穴中所能看見為準，又要穴是得地氣之真龍結穴。

在大陽宅的水口砂，與陰宅的水口砂是有分別的，筆者繼大師述之如下：

大陽宅城市之水口砂 ——— 以水流、形勢、山形（三閉一空）、水去「之玄」、水流長短等形勢去決定是否合乎城市之吉祥風水，在大陽宅城市中的水口砂，以能夠凝聚生氣為主，來龍地脈以源遠、高聳、大範圍為要，是天生自然，這以整體地物去論。

陰宅墳穴之水口砂 ——— 首要條件是本身陰宅是真龍結穴，在穴場上所看見出水口方的所有地物，在整體形勢上，可能出現很少的水口砂，或缺乏羅星。但是，以穴上所見為準，若看不見出水口，前方又有朝山環繞，多是水聚天心格局，這是以在穴位上所見而論。

在陰宅結穴上，其前方所見，在出水口方，出現有兩山相對，稱之為「桿門」，桿門中有三格，筆者繼大師解釋如下：

桿門第一格 ——— 穴前明堂處之左右方，出現有兩山丘或山峰對峙，穴之位置不高，而朝穴之遠山高聳，穴是逆水局，穴之內龍虎侍砂之外，外龍虎砂之內，其位置之左右，有兩山相對，便是桿門。

桿門第二格 ——— 穴前外龍虎砂之外，遠處朝山之內，在穴之外明堂左右方，出現有兩個互對的高聳山峰，穴是順水局，水口從內明堂流出至外明堂，這便是外明堂之桿門。

桿門第一格

桿門第二格

桿門第三格——無論穴是逆水局或順水局，穴前明堂廣闊，朝山環抱，若水從外明堂之左方來，流過穴之外明堂，而到穴之右方外邊處，外邊的左右方有兩山對峙，但在穴場看去，不見桿門兩山。

桿門第三格

若外明堂處，水從穴之右方來，至穴之左方外邊出水，外邊的左右方有兩山相對，便是橫水局之桿門，但穴前看去，不見左橫方之出水口，是謂桿門第三格。

桿門之說，總以龍穴為主，是穴前所見出水口或氣口之守護砂，一般是「左日右月」，即穴前之白虎方有山丘像半月形，像徵月亮，及穴前之青龍方有圓形之山丘，像徵太陽，顯得龍穴有貴格。

桿門是龍穴與砂物關係之其中一種，通常穴前未必出現有真水流，可能是出入生氣之氣口。但至於華表山，它是出現在一個地區真正河流連接大湖或大海之出入水口處，兩岸有尖山山峰相對，鎮守着該地區，這是以一個大地區而論，而桿門則以龍穴本身與地物之關係而論。

在《地理人子須知》〈砂法〉（乾坤版第二八四頁）〈華表山〉有云：

「華表者。水口間有奇峰挺然卓立。或兩山對峙。水從中出。或橫欄高塡。窒塞水中者皆是也。要高聳天表方。稱華表之名。水口有此。于內必有大地。賦云。華表桿門居水口。樓台鼓角列羅城。若非立郡遷都。定主為官近帝。」

華表山雖然居於水流出入口兩側，但若是山尖而高，龍脈由水口方，逆行去來水方，若龍脈有穴可結，穴定兜收逆水，是逆龍而結逆水大局之地，富不可言，故尖頂之華表山，亦可作為來龍逆龍之祖山。

至於北辰，即是巨大無比之羅星，巨大石柱聳立於大江大河之出水口處，或在兩水相交水深中央處，是謂北辰，或像獅、象、駱駝、馬，怪石巨大，鎮守城市都會。

人工華表一

《地理人子須知》（乾坤版第二八五頁）**〈北辰〉**云：

「北辰者。水口間巉巖石山。聳身數仞。形狀怪異。當于中流挺然朝入者是也。」

北辰水口石山，為何要朝入呢！正因為石山之勢向城內之一方朝去，是與流出的水流方向相反，這顯得北辰之巨大，有情而逆水，對於城市之水流，更有關闌作用。

一般大城市始有北辰，在陰宅龍穴而言，愈是大貴之地，始有北辰，而北辰，顧名思義，在該穴或該城市之北方始為奇，楊公云：

人工華表二

「一個北辰管萬兵。駙馬公侯招討名。高大崢嶸聳雲漢。必是爭天奪國人。」

故大地必須有「羅星、北辰、水口砂、華表、桿門。」但切不可有破碎、崩列、破面、醜陋無情等出現，要渾圓雄厚，成格成形，總以有情為上。

不論陰陽二宅，水口之砂，關乎富饒，在城市來說，就是經濟，故不可缺少。

寫一偈曰：

水口之砂
逆水為上
關鎖生氣
城市發旺

《本篇完》

(十)水口砂——人造文筆塔水口砂

繼大師

「水口砂」，顧名思義是出水口附近出現之地物，這「地物」可以為山丘、大塊石頭、聳立之山峰、山丘小島、平地小島等等，以人工所做之水口砂，則可以為人工文筆塔、建築物，甚至在水口平地處種植大量高樹或竹林均可，總括一句，任何在出水口附近範圍內所出現之高出平地地物，均可稱為水口砂。

在陽居城市內，以三閉一空為主，三面環山，一面略低，低的一面連接大海或大湖方向處，當下雨之時，水流流經城市內略低之一方，這一方便是該城市之水口處，出水口之地方，其水流要迂迴曲折始符合風水原則，水流屈曲的位置，最好出現山丘，山丘愈多，水流愈長愈曲，去水愈遠，則關欄愈多，水口砂愈多，則城市內之生氣愈能凝聚，生氣凝聚則城市內之人丁及財帛亦聚，這是符合良好風水之主要條件。

凡城市略低一方之山脈，比較其餘三方之山為低，城市三閉之方，必須是大山大嶺，尤其是三閉中之中間一方，其後方若是綿綿不絕的大山群，則該城市必然大大興旺，城市內略低山脈之一方，除稱為城市之水口砂外，亦可稱為下手砂。

城市三閉之最高一方山群，便是上手砂，上手砂是龍脈來氣方，下手砂是去脈方，若見山脈在城市略低之一方出現，這必然是山脈之餘氣，若有陰宅之結地出現，必定是小地，因是脈之餘氣。

在明、李默齊著**《關徑集》**（上海印書局出版第一七七至一七八頁）有云：

「予（指作者李默齊）**初年看山。每逐於低平散漫處。遇一老者曰。此皆文曲龍也。**（繼大師註：山脈呈現波浪式之半圓形頂丘相連，屬水形文曲星。）**伏而不起。緩而無勢。非為大山餘氣。則為大地纏繞。**（註：即是穴之護脈）**作門戶水口。**（註：指水口砂）**此中斷無大地。**（註：指陰宅之結穴）**予**（指作者李氏）**駭而詰之曰。餘氣纏護有如此之多耶。老師曰。大地餘氣。有去數十里者。大地門戶**（指城市垣局之水口方。）**。有百里纏繞者。予未知細察耶。予**（指作者）**亦未盡信。及閱歷數載。見在在皆然。乃服斯言之有據也。」**

同一個北辰水口砂(由西向東望)

此段是明代李默齊地師對於水口處不結大地之領悟，現代人看城市垣局，必須要明白三閉一空垣局結作之理，然後乘車環繞城市垣局四周及市內範圍，取一高點，或在城市垣局邊之一高山頂上，或在城市內觀光塔之高處上，以能觀看整個城市勢形為主，察看城市之三閉一空處在何方，看看城市略低之一方有沒有山丘關欄，山丘愈多愈廣則愈佳，這是城市觀察水口砂之方法。

同一個北辰水口砂（由東向西望）

同一個北辰水口砂（由北向南望）

若水口砂不夠多，可以找出水口砂範圍處，在其平地上，大量種植高大的樹木，或建造八角或六角的文筆塔，是人造水口砂，把水氣及城市內之生氣關鎖，而達到以建築物去彌補城市在風水上的缺陷，欲使更加瞭解，可在 Google（谷歌）地圖上查看地形。

李默齊地師在《關徑集》內第一八二頁，又提出，明代廣州市之政府大樓辦公處，其東南方（巽山）位上，建築一約五至六層高之塔，除可蔭出文人之外，亦可為廣州市之人工水口砂，李地師在《關徑集》中云：

「以藩司衙署。取巽（東南方）峰方。於琶州之間。築一塔。可五六層。則秀氣照耀。鍾於人文。不數載而吾廣登會狀者。可跂足待也。使吾廣大運將開。文人宜盛。天必生一特達之士。祿位高崇。精神可以驅山岳。叱吒可以運風雷。……」

李默齊地師以此人工塔，既作人工文筆塔，亦作城市之水口砂，是一舉兩得之城市風水改造法。筆者繼大師曾於二〇〇六年尾（丙戌年）到琶州塔考察，而琶州塔又名「海鰲塔」，高五十米，明萬曆年間建造，其塔建在一小圓金形山頂之上，山丘約與塔之高度相若，總共之高度約一百米，塔以白、綠色方格為飾，而琶州塔之西不遠處，建有另一塔，名「赤崗塔」，塔亦高五十米，用八角樓式建造，以磚砌建而成之風水塔，同屬明代所建。

廣州琶州塔

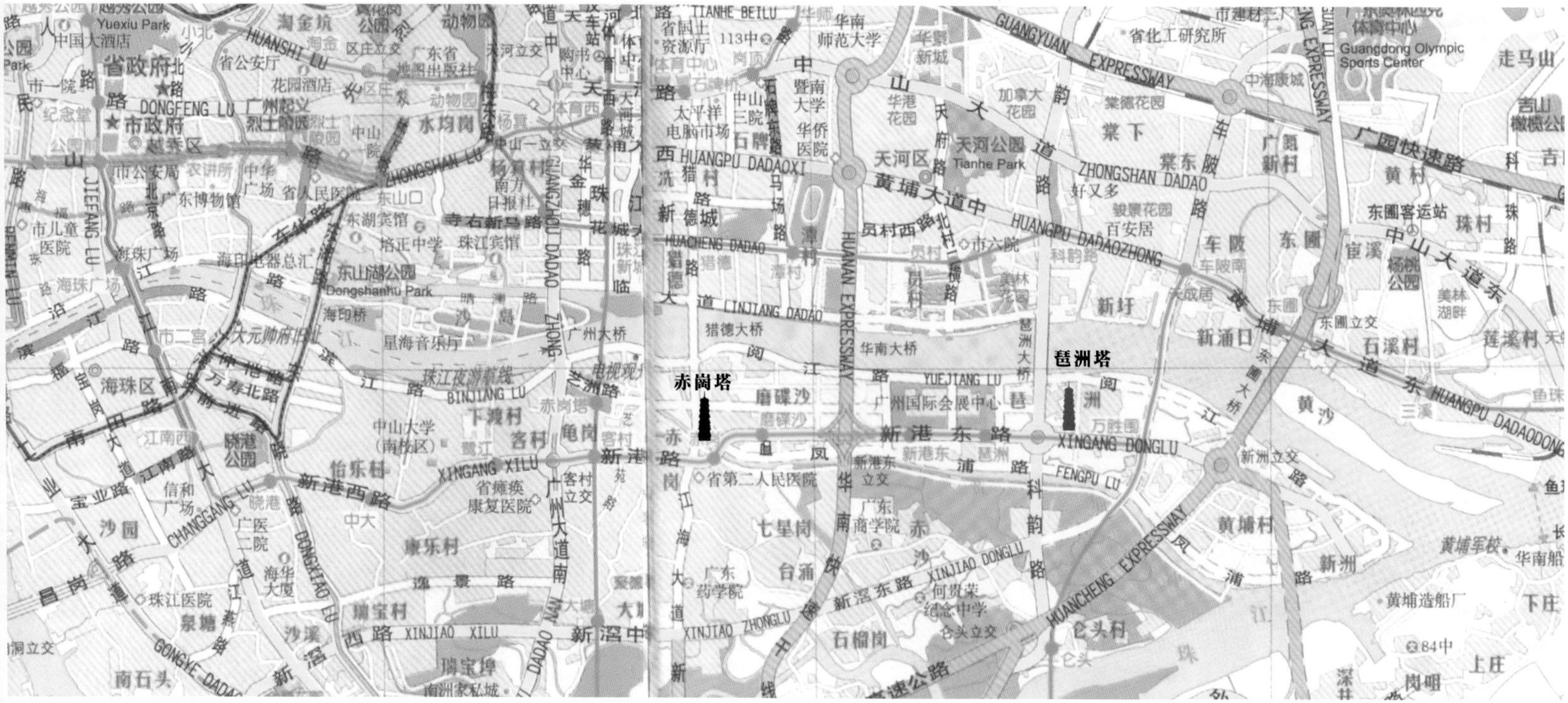

李默齊地師於明、嘉靖廿七年（戊申年）著**《闢徑集》**時在公元一五四八年，而這琶州之「海鰲塔」及「赤崗塔」建於明萬曆年間（公元一五七三至一六一九年），在李默齊地師著作**《闢徑集》**廿五年後開始建造此二塔，很明顯是廣州市政府的有識之士，在明朝萬曆年間，以建風水塔去輔助廣州市興旺。

清、屈大均先生（公元一六三〇至一六九六）所著**《廣東新語》〈卷十九〉**——**〈四塔〉**（中華書局出版第五〇二頁）有云：

「其在城東（廣州市之東）**五里者曰「赤岡塔」。蓋會城東郊之山。左臂微伏。兩崖林巒。與人居相錯。纍纍若釜鐘然。**

形家者（註：風水巒頭形勢學派之人）**以為中原氣力至嶺南而薄。嶺南地最卑下。乃山水大盡之處。其東水口空虛。靈氣不屬。法宜以人力補之。補之莫如塔。**

於是以赤岡為巽方（註：東南方為巽宮）**而塔其上。觚稜峨起。凡九級。特立江岸。以為人**

文之英鍔。其東二十五里有滘州（即琶州）。當二水中。勢逆亦面巽。有二山連綴。穹然若魁父之丘。其內一山。石冢高平。於是又塔卜上。以其水常有金鼇浮出。光如白日。因名曰「海鼇之塔」。

二塔既成。屹然竹白雲之山並秀。為越東門。而引海印、海珠為三關。而全粵扶輿之氣及完且固。蓋吾粵諸郡。以會城為冠冕。會城壯。（註：指廣州市）則全粵皆壯。乃今二塔在東。三浮石在西。西以鎮西北二江之上流。東以鎖西北二江下流。而虎門之內。又有浮連塔以東海口。使山水廻顧有情。勢力逾重。是為江上之第三道塔云。」

屈大均先生著**《廣東新語》〈卷十九〉——〈四塔〉**，其內容為李默齊地師所說之鐵証，屈大均先生說在虎門之內有「浮連塔」，以鎮珠江、東江、西江及北江之水口，而珠海出口為眾水流之水口，李默齊又在**《關徑集》**內提議謂：（上海出版社第一八一頁）

「今宜於海口闊處。在河南沙河之間。與海珠對正之處。用工築東海珠倍大。既為砌臺基。仍多起屋宇。密植樹木。為廣城（廣州市）**下關。則吾廣之山。秀氣盡於此收蓄。而城中之福澤顯貴。即十世之興隆可卜矣。」**

廣州赤崗塔

現時近虎門之南沙區便在開發之中，建有虎門大橋兩道，加添了下關砂。香港之大嶼山、青山一帶及深圳之南山區、寶安區、蛇口、內伶仃島，更是廣州市之水口砂，而李默齊先生所說之叱吒風雲人物，豈非中山翠亨村出生之國夫孫中山先生！

順德青雲塔

現時廿一世紀初，中國經濟急劇發展，廣州、澳門及香港興建大橋，連貫省、港、澳三地，此「港珠澳大橋」，正位於廣州、珠江三角洲之下關砂處，將珠江、東西江、北江諸水關鎖着，相信此「港珠澳大橋」完工之日，珠三角洲、一帶，必定繁榮再起，而廿一世紀是中國人之天下，這是指日可待的，一個地方國家若然當起運來，其造作必然符合好風水的條件。以上之論述，是陽居都會中水口下關砂之原理及作法。

至於個別之陰宅及陽居，以得地氣之結地而言，首先從結地上向前方看，那方是最低點，便是出水口之地方。若前方四週山勢環繞，是為「羅城週密」，水口不見，生氣聚於前方明堂，是「水聚天心」格局。

若穴前明堂廣闊而深，穴前左右龍虎砂內為內明堂，龍虎砂外與案山之間為中明堂，案山與最遠處羅城之遠峰為外明堂，是為「三陽堂局」，朝案之山愈多，則穴所發旺之年代愈久，通常是一層山一代，二層山二代，三層山三代，明堂愈廣，則出人胸襟愈大，子孫後代亦多。

穴上看見前方之出水口，其兩岸相對，出現有高山山峰對峙，名為「華表捍門」，即捍衛着穴之出水門口，表示穴之清貴。出水口之水流，中央出現大塊石頭，高大聳立者為「北辰」，低小者為「羅星」，水口砂物中，多似飛禽走獸形，為「禽星」，亦有「龜蛇守水口」之說。

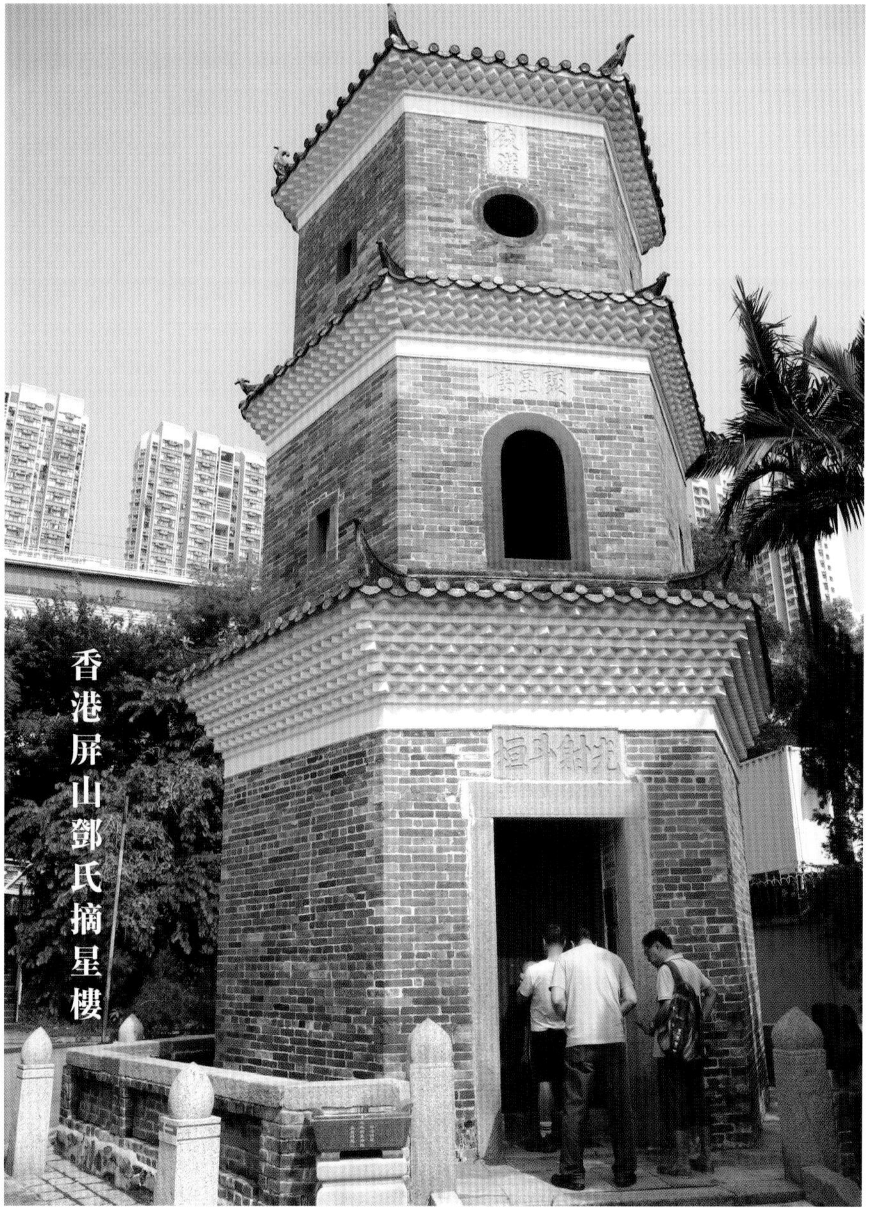

香港屏山鄧氏摘星樓

水口砂—人造文筆塔水口砂

水口若有奇石高出，兀立在小洲之上，而水口多重，屈曲迂迴而去，穴上不見其去水口，此乃富貴之大地，再看穴前羅城之大小，內局要緊，外局要廣闊遠大，羅城範圍愈大，而水口重重關鎖，穴是真龍結穴，來龍千里而來，定是一級穴地，故《撼龍經》云：**「關門若有十重鎖。定有王侯居此間。」**

楊筠松地師著**《撼龍經》**（四庫全書版本，武陵出版社內第五十七頁）有云：

「大關大鎖龍千里。定有羅星橫截氣。截住江河不許流。關住不知多少地。小羅小鎮及小關。一州一縣須有關。十關十鎖百十里。定有王侯居此間。」……

筆者繼大師于丁亥（2007年）孟夏之月到馬來西亞（Malaysia），在吉隆坡鵝嘜縣（Majlis Daerah Gombak）萬撓（Ranang）處，見一羅城堂局，在其大局之出水口處，見有一高聳圓頭聳身之金木合體石山山丘，兀立在水口傍，超過十層樓高，非常奇特，水口傍側，建有一福德廟及黑白無常廟，正收此水口「北辰」山峰，黑白無常廟前有黑色紗布遮蓋着，此山峰是鴨仔山之頭，在此角度看去，正是黑白無常的帽子，朝砂相配非常恰當，真的是廟與砂物的大相應。

西樵山雲泉仙館　奎光樓

筆者繼大師看廟無數，未曾見過有黑白無常廟，這是生平第一遭，此石山關鎖大局生氣，正是「北辰」是也，大垣局之中，內裏正是非常富貴人家之陽居住所，見証如楊公之所説，並非虛假，而鴨仔山正是禽星鎮水口呢！

封開廣信塔

寫一偈曰：

下關水口
上應北斗
十重攔關
定出王侯

《本篇完》

繼大師

（十二）羅城垣局詳解

真龍結穴面前必須出現有橫長的山，由胸口至眼眉之間的高度最為適合，此稱為「案山」，但是案山與穴位中間的平地，一般稱為「中堂」（中間的明堂），貼近穴位前方之小平地為「內堂」（內局的明堂），若最遠處有一大片平地，被四週的群山環繞，此為之「外堂」（外方的明堂），合稱之為「三陽堂局」，如果穴前能出現三個堂局，而穴上又能夠看見的話，必是大地無疑。

有些穴之前方雖然出現案山，但高度低於心胸，但遠處前方有高聳的群山環抱，穴上能見案山及朝山，明堂左右亦出現群山環繞，加上穴之左右方有砂脈守護，因此生氣必能凝聚於穴位前方的平地上，故此「明堂」的功能，是把凝聚的生氣留待穴場收納而受用，使後代子孫能夠發富，故晉、郭璞著**《葬書》**云：**「朱雀源於生氣。」**，「朱雀」即是穴位之前方處。

羅城垣局圖

市鎮羅城垣局圖

「明堂」雖然能夠的把生氣凝聚，但必須有一個條件，就是四周需要有群山環繞，四周的群山，稱為「羅城」，沒有羅城環抱，生氣就不會凝聚在平地上，這就是「羅城」的功能。

把這種概念用作設計陽宅鄉村平房屋、祠堂、廟宇及道觀等建築物，這是非常符合良好風水的格局，中國古代合於好風水的設計，是在房屋正前方，預留一片平地，作為生氣凝聚之用。

但在一片平地上，若四週一片空曠，沒有建築物或圍牆環繞，則生氣不會凝聚在屋前的平地空間上，故此，若想做出符合良好風水的理想明堂，必須在明堂平地的「左、右、前」等三方，築出圍牆把明

城市羅城垣局圖一

堂平地環繞著，則生氣自然會凝聚在屋前，由屋門向前方看去，高度適中，不要過高或過低就可以，其功效與「羅城」相同。

「羅城」是陰陽二宅所結之穴位前方，以肉眼所見而定，但是以山勢地形來說，一般山崗龍結穴，前方平地被四週的群山環繞，或與正前方遠處的朝山相連，這都是羅城的範圍，包括穴前明堂之左右方山群。

另一種的山崗龍地形，是在一定範圍內，四週有群山環繞，中間出現一大片平地，或有水流流經，三面環山，一面略低，此稱之為「垣局」，低處有一出口，有水流流經此口而出，此為之「垣局水口」，在這樣的「垣局」內

城市羅城垣局圖二

，大部份都會成為一個城鎮，甚至成為一個都會，視乎垣局的大小而定。

更有一些垣局，水流很細小，甚至是乾流，若在內陸地區出現，多數會成為農業用地，耕地或是畜牧業等用地。但亦有例外，在清代時期，雍正皇帝親自擇地建造皇陵，並在河北省保定市易縣西陵鎮，建有「清西陵」，於公元 1730 年建造，共有十四座皇陵，正是建在一個大垣局內，北靠永寧山，側有易水河，先後葬有「雍正、嘉慶、道光、光緒」等四個皇帝，另外有皇后、妃嬪、王公、公主等共約 145 人，垣局用作建造皇陵，畢竟是非常罕有。

垣局四週之山，不宜出現缺口，如兩山之間有空隙，可見天空，這樣的情況下，需要有山峰在外圍補其缺口，如卜應天著《雪心賦》〈卷三〉（竹林書局發行〈卷二〉第二頁）云：**「山外山稠疊。補缺嶂空。」**

垣局宜四週群山重重疊疊及高聳，層層級級盤旋圍繞，垣局群山愈是多重，則發福愈久，最好是南北向，為「乾坤」格局，局運長久，宜作首都城市，若垣局之內，

城市羅城垣局圖三

近北面有橫排山峰屏幛相連而列，左右生出龍虎砂脈包抱，屏幛山峰之下前方不遠處，又出現有水流順弓繞抱，水流兩水相交，滙入湖泊，則山峰之下，必出現陽宅結地，是垣局之中最得地氣之處，此稱之為「帝座」，可以作為領導者的官邸。

正如卜應天著**《雪心賦》《卷一》**（竹林書局發行〈卷一〉第十頁）云：**「重重包裹紅蓮瓣。穴在花心。紛紛拱衛紫薇垣。尊居帝座。」**

垣局之中的平地，若能出現這等格局，是山水聚會之地，真是萬中無一，尊貴無比，極為罕有也，加上南北向度，定是皇者之家，如楊筠松著**《撼龍經》**（四庫全書版本 — 武陵出版社出版內第64頁）言：**「垣星本不許人知。若不明言恐世迷。只到京師君便識。重重外衛內垣平。」**

鄉村羅城垣局圖一

此龍不許時人識。留與皇家鎮國家。」

垣局外的水口，若是愈多重，則發福愈久，楊筠松著**《撼龍經》**（四庫全書版本－武陵出版社出版內第36頁）云：**「尋龍千萬看纏山。一重纏是一重關。關門若有千重鎖。定有王侯居此間。」**

「關門」即是水口也，「千重鎖」即垣局外的水口砂的山脈非常多，在水口處水流的中間或兩岸處出現有石山，大的石山名「北辰」，小的石山名「羅星」，或像飛禽、走獸、游魚不等，均屬吉砂。

楊筠松著**《撼龍經》**（四庫全書版本－武陵出版社出版內第57頁）又云：**「大關大鎖龍千里。定有羅星橫截氣。截住江河不許流。關住不知多少地。小羅小鎖及小關。一州一縣須有關（欄）。十關（欄）十鎖百千里。定有王侯居此間。」**

所以在垣局的水口處出現的石山是非常重要的，影響深遠，故此水流的長度及大小非常重要，它是決定水口中所出現石山大小的重要因素，通常近海的地方，又是大江大河流入大海的出水口處，出現此等大石山的機會為多，故經濟發展的大城市地方，多是沿海地區的城市。

垣局的土地使用，一定要看水流之大小而定，通常在內陸地區近大海處出現垣局，必然是城市居多，這是自然形成的，水流連接著港口大海，一般會使用船隻作為交通運輸工具，容易發展對外貿易，這是形成一個港口城市的重要條件，最好是港闊水深，地理位置優越，如「新加坡、阿姆斯特丹、香港、雪梨」等城市。

城市垣局的出水口

接近大海的城市垣局，一般都是地脈盡結之地，細小的垣局，亦有可能結出一個小村莊，如香港的布袋澳，地形像一個布袋，布袋中間的海水與大海連接，生氣凝聚其中，正是布袋澳村的堂局，正因爲地方小，而且沒有明顯的水流流出大海，所以結出小村落，原則是：**「局小村小，局中鎮中，局大城大。」**這是以垣局結大陽宅風水而言。

但以一個山崗龍的垣局而言，因為沒有較大的水流出現，而且地方偏遠，故它未能發展成為一個市鎮，如垣局中間是江、河、水塘、湖泊或海等，四周群山環繞，於是中間所聚的水，形成了四週山脈中所結之穴地的大會明堂，正是「水聚天心」格局，眾龍脈所聚首之地方，群山在四週，往往結有不少真龍結穴，這樣的「大會明堂」就成為了眾多龍穴的明堂，眾龍環繞，收納「水聚天心」的生氣，是為「垣局」中的附帶功能。

鄉村羅城垣局圖二

在偶然的一個機會下，筆者繼大師在香港與深圳之間的沙頭角勘察地形時，發覺此地就是「大會明堂」格局，其中有不少真龍結穴，有古墳如「將軍舞劍」，全部以沙頭角內海作明堂，水聚天心，垣局緊聚。但可惜的是，竟然沒有一條大水流流入沙頭角內海裡，故只能「藏風聚氣」，小富是可以的，至於大富大貴，則較為難矣，正如晉、郭璞著《葬書》云：**「得水為上。藏風次之。」**

在垣局之地形上，雖然中間的平地是為垣局群山眾龍穴的明堂，但若在垣局水口處，我們只要找到一個山丘、星峰等砂物，無論它出現在任何兩岸處，據筆者繼大師研究的心得，我們都可以建廟在其中，背靠著水口山丘星峰，左右有夾耳山守

城市羅城垣局圖四

護，前面回朝垣局內所有群山山峰，兜收垣局內所有逆水，建立廟宇，配合吉利向度，可以收十方眾生財帛，受眾人供養，此為之「水口砂作廟」的格局。

在香港很多地方，都建有此種神廟，如「天后廟、洪聖爺廟、侯王廟、北帝廟、玉虛宮、城隍廟及土地廟」等，甚至在江西的流坑村出水口處，楊筠松祖師建有「觀音廟、龍王廟」，廟之門口牌匾用篆文寫上廟宇名稱，以兩廟兜收逆水之力，去尅制庚方的煞水，楊公並言：**「若是水流庚。仍是好流坑。」**

故此流坑村成為有「天下第一村」的美譽，這都是水口砂作廟的格局，正是「得水為上」的原理，但普通人是不能居住的，因為後方靠山低，住的人會壽元不長，縱然賺得金錢，沒有壽命享用也。

城市羅城垣局圖五

單是「垣局羅城」，裡面就藏有很多風水上的大學問，不是三言兩語可以講說清楚，堪輿之學，關係到極機密的天機，神廟會懂得「天機」，故取得「先機」，得到「地利」去護佑眾生，這是神佛慈悲濟世救人之悲願也，不是為個人的私欲而求自己的福祉，所以求地先種福，佈施利益別人為重，能夠捨與，則福德力大，吉地自然能得。

《本篇完》

城市羅城垣局圖六

《砂法精義一》後記

繼大師

《砂法精義》是繼《龍法精義》一書後之著作，「龍、穴、砂、水、向」五大秘法中，以「穴、龍」為首要，其餘是「砂、水、向」法。這五種原素，是風水學之骨幹，雖有輕重先後之分，其實五大法，法法均重要，缺一不可，是互相「相輔相承」，龍穴之法，比較細微，首重師承，以得「傳心傳眼」為重。

在砂法上來說，它的範圍很廣，無窮無盡，變化萬千，是地師經歷悠久的「心血累積經驗歷程」。其實，「砂法」就是風水學上的所有山巒地物，得了地靈之氣，對穴產生了力量效應，在配合方位及元運後，便能推算出穴後人的未來命運，是為「人傑地靈」。所謂「喝什麼樣的水，就養什麼樣的人。」

這兩本《砂法精義》，只是在風水學問裏的砂法內容中的一少部份，將來有緣的話，筆者繼大師會將砂法上的尅應說得更清楚，加上立體插圖，使人人易明易讀，若能遇上明師指導，有心學習風水之人，均可得知古代風水之秘，只因為非讀書便能了知，必須隨明師上山親授，登臨引証。故此書只可用作參考，作為入門的風水書籍。

為了精益求精，務求盡善盡美，筆者繼大師將《砂法精義》內所有圖畫用國畫形式重新繪製，裝裱之後再行制相做版，其中有多幅畫，具有藝術價值，本書適合收藏。

繼大師寫於香港明性洞天
二〇〇七丁亥年孟夏吉日
二〇一八戊戌年仲夏改寫

風水巒頭系列 — 砂法精義(一)

出版社 ： 榮光園有限公司 Wing Kwong Yuen Limited
香港新界葵涌大連排道31-45號, 金基工業大厦12字樓D室
Flat D, 12/F, Gold King Industrial Building,
35-41 Tai Lin Pai Road, Kwai Chung, N.T., Hong Kong
電話 ： (852) 6850 1109
電郵 ： wingkwongyuen@gmail.com

發行：香港聯合書刋物流有限公司 SUP Publishing Logistics (HK) Limited
地址：香港新界大埔汀麗路36號中華商務印刷大厦3字樓
3/F, C&C Building, 36 Ting Lai Road, Tai Po, N.T., Hong Kong
電話：(852) 2150 2100
電郵：info@suplogistics.com.hk
印刷：印象設計印刷有限公司
Idol Design & Printing Co. Ltd.
版次：2019年4月 第一次版

ISBN 978-988-79095-0-7